Mulher e Trabalho

Camila Moura de Carvalho

Juíza do Trabalho no TRT-15ª Região/Campinas.
Especialista em Economia do Trabalho — UNICAMP.
Mestra em Direito do Trabalho e Relações Sociais
pela ISCTE-IUL — Lisboa, Portugal.

Mulher e Trabalho

Por Uma Luta Libertadora das Trabalhadoras Negras Brasileiras

LACIER

LACIER
Lacier Livraria e Editora
www.livrarialacier.com.br

Rua Doutor Quirino, 808 – Centro
CEP 13015-081 – Campinas, SP – Brasil

Julho, 2024

Diretor: *Lacier José de Rezende*
Coordenação editorial: *Peter Fritz Strotbek*
Projeto de capa: *Fabio Giglio*
Projeto gráfico e editoração eletrônica: *The Best Page*

Ficha Catalográfica

Dados Internacionais de Catalogação na Publicação (CIP)
(Câmara Brasileira do Livro, SP, Brasil)

C331m Carvalho, Camila Moura de.
Mulher e trabalho : por uma luta libertadora das trabalhadoras negras brasileiras / Camila Moura de Carvalho. — 1. ed. — Campinas, SP : Lacier Editora, 2024.
106 p. ; 16 x 23 cm.

ISBN 978-85-64412-16-3

1. Mulher e sociedade. 2. Trabalho — Antropologia. 3. Relações trabalhistas. I. Título.

CDU 396-055.2

Índices para catálogo sistemático:
1. Antropologia — Relações trabalhistas — Mulheres
Angela Schmidt da Rosa – Bibliotecária – CRB-14/1171

Dedico este trabalho às mulheres racializadas e subalternizadas em geral e, em particular, às mulheres negras brasileiras.

Dedico ainda a todas as mulheres, que com sua generosidade, aceitaram protagonizar este livro, cada uma à sua maneira e dentro de suas potências e possibilidades.

Daniela Muradas, guia intelectual e grande aliada. Suas falas argutas, visionárias e visceralmente inspiradoras me levaram a radicalizar ainda mais o que acreditava ter radicalizado: minha escrita. Dessas raízes brotaram as asas que me lançaram nesse voo de reflexões.

Dedico, enfim, este livro à minha mãe, Valéria, fonte de tudo quanto sou.

Agradecimentos

Agradeço às mulheres com as quais, em cada etapa desta obra, andei de mãos dadas.

Adulina Leocádia Kohn, a Ada, mulher forte e ao mesmo tempo cheia de doçura.

Benvinda, amiga ancestral e atual, que com seu sorriso largo iluminou meus caminhos nessa trajetória.

Carlandreia Ribeiro, atriz, produtora cultural, ativista, poeta de uma escrita arrebatadora, solar e que nos ensina a esperançar.

Cleonice Rodrigues Figueiredo, a Cléo, amiga, que com sua bondade me deu a honra de prefaciar esta obra, nos mostrando que sua trajetória se confunde com milhares de histórias de mulheres negras brasileiras.

Lacier, editor e querido amigo, que com sua equipe talentosa e competente, composta por Peter (diagramador) e Fábio (capista) operou a alquimia de transformar esse conjunto de palavras e ideias em uma obra de estética muito bonita, um belo convite à leitura!

Laisa Brito, pela amizade de todas as horas e pelo grande apoio.

Lorival Ferreira dos Santos, Desembargador, precursor na pauta antirracista de longa data. Meu agradecimento a este amigo pode ser explicado pela teoria da causalidade. Foi seu o posicionamento institucional decisivo para a realização de meu Mestrado, que deu origem a esta obra.

Marta Braun, companheira, que com sua escuta amorosa, me ouviu falar muito durante todo o processo de escrita.

Rosilene Nascimento, amiga, colega, forte atuante na agenda antir racista no Poder Judiciário, além de poeta e fotógrafa, de uma sensibilidade ímpar e um coração gigante.

Valdicleia Rodrigues dos Santos, a Val, que ao trançar meus cabelos me ensinou sobre como é possível reconhecermos, exercermos e expressarmos nossa negritude em nosso ofício, seja ele qual for.

... Me fulmina a ideia de perder a esperança
A humanidade que me resta insiste
Ela se recusa a aceitar
Acabar assim?
Sem remissão às penas do sequestro
Das correntes
Das torturas
Revejo a história
Meus avós romperam correntes
Plantaram quilombos
Abriram picadas na unha e na foice
Como é que eu posso pensar em desistir?
Meu corpo sente a febre das memórias
Efeméride da resistência
Começo a reparação pelo meu território íntimo
Aprumo o espírito
Rezo Ori
Me levanto
E vou trabalhar.
14 de fevereiro de 2024
4ª-feira de cinzas
A festa da carne é delírio necessário para Exunizada alegria.

Carlandreia Ribeiro — Atriz, arte-educadora, escritora, curadora cultural e coordenadora do Projeto Diálogo Transatlântico Brasil Senegal.

Sumário

Apresentação

Notas explicativas da autora. "Quem pode falar"

Tenho consciência de que as vozes de mulheres negras são caladas ao tempo em que sei da impossibilidade de apropriação dessas mesmas vozes marginais.

No mundo ideal, elas deveriam ter a potência de expressar-se livremente, com autonomia.

De certa maneira, confesso que, acompanhada de todas essas mulheres que aqui se expressaram e deram corpo, cor, vida e concretude a este livro, esse espaço se tornou meu pequeno mundo ideal.

Silenciar, portanto, agora não é uma opção para mim, pois o ato de falar acerca das diversas opressões que cercam tantas mulheres constitui um ponto de partida rumo à luta libertadora.

É importante ressaltar que este livro destina-se às leitoras e leitores em geral, em particular, pessoas que estão engajadas na luta antirracista e antissexista, em especial, pessoas subalternizadas, as quais, por essa condição, talvez sequer saibam o que é subalternidade, conceito este que será explicado mais adiante.

Pretendo, ainda, "desacademizar" a linguagem sem abrir mão da qualidade e do conteúdo deste texto.

Aos acadêmicos e/ou estudiosos interessados no trabalho original, recomendo consultar o repositório oficial da dissertação em: http://hdl.handle.net/10071/29560.

Nesse espaço, pretendo conversar com os movimentos sociais, sobretudo aqueles que envolvem mulheres negras.

Gostaria também de, por meio de uma linguagem simples, dialogar com a comunidade jurídica, em especial da magistratura do trabalho; tanto mulheres, como homens; pessoas brancas e negras, em uma proposta relacional.

Essa proposta relacional exige, por parte de quem interpreta e aplica o Direito do Trabalho, uma compreensão de que a norma jurídica que regula as relações de trabalho não deve ser entendida e aplicada da forma tradicional, como propõem a doutrina e a hermenêutica majoritária desse campo. Ou seja: de maneira neutra e objetiva.

No Brasil, o uso das instituições em geral e do Poder Judiciário, em particular, foi e é interditado pelas características estrutural e estruturante do racismo – e do sexismo; tema que aprofundaremos adiante.

Quanto ao racismo, digamos, "à brasileira", existe a falsa crença da democracia racial; de que todos são iguais perante a lei; de que só existe uma raça: a humana e por aí vai.

A partir desse pensamento de senso comum, se desdobra a crença – também falsa – da neutralidade racial. A questão da neutralidade racial quando, por alguma circunstância de fato ou mesmo de direito, se conecta com a norma jurídica laboral, se estende para esse campo reproduzindo e introjetando como intocáveis os postulados da neutralidade e objetividade.

Esse fenômeno cria uma ambivalência: ao mesmo tempo que impede ou dificulta muito combater a desigualdade racial via instituições e Estado; de outro lado reforça os privilégios de pessoas brancas, pelo simples fato de serem brancas, sendo esse reforço visto como algo natural, da ordem das coisas e que, portanto, não pode ser transformado.

Desse modo, entendemos que o Direito, inclusive o do Trabalho, portanto, na forma como tradicionalmente aplicado, reforça e reproduz o racismo e o sexismo nas relações de trabalho, tudo isso amparado nos princípios da neutralidade e objetividade que orientam quem produz, interpreta e aplica a norma jurídica trabalhista.

Retomando a proposta relacional, as normas do Direito do Trabalho, portanto, demandam de quem as interpreta e aplica o esforço de estabelecer uma relação direta entre a norma a ser aplicada com o conceito de igualdade substancial.

Exige-se também desses atores estabelecer uma relação concreta entre o papel da norma que está sendo aplicada, tendo em mira as pessoas e/ou grupos destinatários dessa aplicação e os fatores e especificidades que os cercam.

Em outras palavras, é preciso considerar que vulnerabilidades e particularidades afetam certas pessoas e grupos sociais para então se aplicar a norma de maneira que esta promova uma concreta partilha de direitos e oportunidades materiais condizentes com a realidade daquelas pessoas e/ou grupos.

Aqui, nossa proposta de interpretação e aplicação da norma trabalhista assume um caráter radical, contra-hegemônico, não neutro e, em certa medida, com uma dose de subjetividade qualificada.

Por isso, aliando-me à profunda análise jurídica de Moreira (2024) e sua hermenêutica negra, inicio aqui um movimento no sentido de avançar na hermenêutica negra feminista.

Esse movimento que ora ensaio pretende incorporar reflexões basicamente a partir de quatro eixos conceituais principais: do feminismo negro; da teoria decolonial; da interssecionalidade e do pensamento de fronteira ou *locus* de enunciação.

Para não deixar você leitora, leitor, com preocupações antes do tempo, anoto que cada um desses conceitos, bem como seus teóricos e teóricas correspondentes serão explicados ao longo do texto.

Portanto, a partir de uma aposta radical; no sentido literal do termo, qual seja; de ir ou voltar às raízes da problematização da subalternidade e da igualdade, é que apresento essas breves notas.

Finalmente, sem perder muitas linhas com esse assunto, devo mencionar que não posso separar a pessoa da obra. Eu, uma feminista negra, agora acadêmica, fui surpreendida no meio da minha escrita dissertativa (ano de 2023), com a notícia de que um dos principais marcos teóricos deste trabalho foi publicamente denunciado por assédio sexual e moral, abuso de poder, violência verbal e extrativismo intelectual. Não são palavras minhas, tampouco trata-se de fofoca, os fatos são públicos e notórios.

As denúncias surgiram a partir de publicação científica de três pesquisadoras.

Para quem quiser consultar o artigo acadêmico, pode encontrá-lo na internet e é intitulado *"As paredes disseram o que ninguém pôde dizer: notas autoetnográficas do poder sexual na academia de vanguarda"* no livro *"Conduta sexual imprópria na academia"* (*Sexual Misconduct in Academia*).

Àquela altura, entrei em crise. Elaborada a crise, menção feita, à escrita.

Boa leitura!

Prefácio

ou "Quem deve falar e de onde se fala"

A história de uma trabalhadora negra brasileira

Sou Cleonice Rodrigues Figueiredo, mais conhecida como Cléo, negra, casada há 26 anos com Luiz Carlos, um homem negro com 56 anos, formado em Administração de Empresas, com MBA na FGV. Atualmente Luiz Carlos trabalha de maneira informal.

Sou mãe de dois filhos negros, Lucas e Camily. Lucas está com 22 anos, é estudante de psicologia, trabalha de maneira informal com música e cultura. Camilly está com 14 anos e é estudante do 9º ano do ensino fundamental II.

Comecei a trabalhar aos 14 anos de idade. Meu primeiro emprego com registro em carteira foi em uma fábrica de doces, pipocas e pirulitos. Entre os 18 e 22 anos, tive a oportunidade de trabalhar na área médica como recepcionista, apesar de não ter experiência nenhuma. Casei aos 27 anos e me dediquei a cuidar da casa e do meu filho.

Em 2005, devido ao desemprego do meu esposo, precisei voltar ao mercado de trabalho, mas não foi fácil conseguir um emprego. Ambos desempregados e com um filho pequeno, enfrentamos grandes dificuldades financeiras. Pagávamos aluguel e contas, que se acumulavam enquanto nós procurávamos incessantemente por uma oportunidade de trabalho, mas as respostas eram sempre negativas.

Depois de muito tempo, consegui um emprego no Tribunal Regional do Trabalho da 15ª Região, em Campinas, graças a uma indicação.

A vaga era para trabalhar como ascensorista no elevador privativo que serve às desembargadoras e desembargadores, magistradas e magistrados e outras altas autoridades do Poder Judiciário e do Poder Público.

Esse trabalho, inicialmente, me assustou, pois tinha medo de andar de elevador.

Quase desisti, mas a necessidade falou mais alto.

Com meu esposo desempregado, um filho pequeno e contas se acumulando, aceitei o desafio.

Eu era uma pessoa simples, com pouco conhecimento sobre muitas coisas, mas fui aprendendo pela convivência naquele ambiente.

Aos 44 anos, decidi fazer faculdade, um grande desafio na minha vida. Não foi fácil, pois já não tinha a mesma mente de quando era jovem, mas queria realizar o sonho dos meus pais e o meu próprio.

Como se diz, nunca é tarde para estudar.

Apesar de muitos sofrimentos e dificuldades, enfrentei o desafio com determinação. Houve lágrimas e momentos de tristeza, principalmente por situações na sala de aula, mas nunca desisti.

Queria fazer meus pais felizes e me tornar advogada. Em 2019, consegui realizar um dos meus sonhos ao concluir o curso, com muito orgulho.

Hoje, continuo no Tribunal do Trabalho na mesma função. Ainda não tive a oportunidade de atuar na minha área de formação, mas sigo perseverando.

Cleonice Rodrigues Figueiredo

Bacharel em Direito. Teóloga. Formada em Língua Brasileira de Sinais (Libras). Ascensorista de elevador terceirizada no TRT da 15ª Região em Campinas.

Um (re)encontro afrodiaspórico em dois atos

Ato I

O primeiro encontro

Estava muito feliz e entusiasmada com minha primeira visita à Universidade na qual, por razões profundas, decidi escrever sobre o tema desta dissertação. Naquela tarde de setembro de 2021, Lisboa entrava no outono, mas o sol ainda se fazia sentir.

Fazia aquele calor de fim de verão. Eu circulava perdida entre os corredores e rampas do prédio do ISCTE — Instituto Universitário de Lisboa —, tentando encontrar o lugar em que iria receber minha carteirinha de estudante.

Uma mistura de emoção e exaltação tomava conta de mim. Afinal, eu voltava às salas de aula após cerca de 18 anos do bacharelado e a última vez que estivera numa Universidade foi durante uma especialização feita na Universidade Estadual de Campinas em 2014.

Eu, uma mulher negra, com 47 anos de idade, sul-americana, iniciando um mestrado na Europa era uma imagem que definitivamente não passava pela minha mente, ao mesmo tempo toda aquela cena me arrebatava de orgulho e uma certa euforia, quase adolescente.

Entro no elevador, ainda desorientada, quando me deparo com uma mulher negra, de meia idade, que logo notei que trabalhava como auxiliar de limpeza na Universidade. Imediatamente trocamos sorrisos, enquanto ela olhava meus cabelos crespos volumosos, e eu admirava suas tranças(1).

(1) Essa cumplicidade entre mulheres negras desconhecidas que se cumprimentam é uma prática que remonta a séculos anteriores e é explicada pela socióloga Vilma Reis, especializada em

Perguntei a ela se sabia onde estavam entregando as carteirinhas, e ela prontamente me disse: "vens comigo, que te mostro". Naquele curto percurso, conversamos, disse que era brasileira. Ela angolana. Contei da minha felicidade de estar ali e ela abriu um sorriso largo.

Ao fim do caminho, ela me apontou o lugar ao qual eu deveria ir. Agradeci sorrindo e perguntei seu nome. Ela sorriu mais uma vez fartamente e disse: "Benvinda".

Disse a ela que seu nome era lindo e que eu não poderia ter tido uma recepção melhor do que aquela na Universidade. Benvinda sorriu — não sei se entendeu minha fala — e seguiu com seu carro de limpeza.

Esse encontro me marcou e inspirou tanto, que decidi descrevê-lo no prefácio da minha dissertação. Benvinda encarnou o tema central da minha dissertação. Era sobre ela; sobre as mulheres negras trabalhadoras que eu precisava e decidi falar.

Ato II

O segundo encontro

31 de outubro de 2023 às 15h. Esse era o grande momento do meu mestrado. A defesa da dissertação.

Em perfeita conformidade com a burocracia portuguesa, eu deveria me dirigir à Secretaria, pegar as chaves da sala de apresentação 15 minutos antes e preparar todos os equipamentos para a exposição. Por precaução e ansiedade, fui à Secretaria 30 minutos antes, torcendo para conseguir obter as chaves. Consegui.

---

estudos Étnicos e Africanos: "a gente aprendeu quando não era possível falar absolutamente nada, na brutalidade do tráfico transatlântico. Muitas vezes foi somente com olhar que a gente construiu revoluções". Bastos, J. (2023, jan., 26). A desconhecida 'rede de sorrisos' entre mulheres negras. *BBC News Brasil*. Disponível em: https://www.bbc.com/portuguese/geral-64335991.

Chaves nas mãos, me aproximo da sala, eis que surge Benvinda com seu uniforme verde e seu carro de limpeza. Dou um pulinho me aproximando mais dela deixando a sala para lá e dou um quase grito: Benvinda!!!

Ela me olhou e sorriu largo. Perguntei se se recordava de mim. Disse: "— Claro que sim, querida! Como estás? "

Eu estava tão aturdida com aquele encontro, que para mim soou como um sinal. Aquilo definitivamente significava alguma coisa muito boa!!!

Disse a ela, sem conter a felicidade, que havia escrito sobre ela no meu trabalho; que ela havia me inspirado e que tinha até escrito sobre nosso primeiro encontro no prefácio. Ela sorriu ainda mais.

Sem deixá-la falar eu já fui tentando explicar do que se tratava a dissertação, li o resumo explicando em palavras simples e perguntei se ela havia entendido sobre o que eu estava falando.

Ela disse: "Claro que sim! É sobre meu trabalho, as dificuldades, a vida muito difícil".

Eu li o prefácio todo para ela e choramos juntas do início ao fim.

Conversamos um pouco sobre a vida dela, perguntei dos filhos e ela disse, "graças a Deus estão a estudar na Universidade e vão arrumar bom emprego".

Pedi abraços e fotos e que me desejasse boa sorte.

Contei que pretendia escrever um livro sobre a dissertação, onde falaria dela novamente e daquele nosso novo encontro iluminado e repleto de emoções; que também falaria das mulheres negras trabalhadoras do Brasil e que quando o livro ficasse pronto enviaria um exemplar a ela de presente para que lesse.

Nos abraçamos, tiramos fotos e ela me autorizou que publicasse as fotos neste livro.

Eu segui para minha sala rumo à apresentação e Benvinda com seu carro de limpeza pelo corredor da Universidade.

Benvinda Lando Kiboloka
Auxiliar de limpeza em ISCTE-IUL, Lisboa

Introdução

O trabalho que deu origem a este livro baseou-se em uma pesquisa científica de natureza exploratória.

Um estudo exploratório consiste, basicamente, em investigar fenômenos e possibilidades sobre os quais ainda não existem estudos completos. A finalidade desse tipo de estudo é contribuir com mais informações sobre um determinado tema ou área.

Este livro, como já dito nas notas explicativas, apresenta reflexões em linguagem simples[(2)] direta e compreensível a todas as pessoas sobre o que significa *decolonizar o trabalho.*

Desde já peço licença para me estender um pouco mais nessa introdução do tema, pois aqui já iniciarei a explicação dos conceitos-chave que serão tratados ao longo do livro.

Para compreender o conceito de *decolonizar* — que pode ser estendido ao conceito de *decolonial* — faremos primeiro um recorte para explicar o seu conceito oposto, sua outra faceta: a *colonialidade.*

Entender esse conceito nos auxiliará muito na compreensão dos demais conceitos que dele decorrem e que serão abordados nos capítulos ao longo deste livro.

Aprendemos nos livros de história que os colonizadores do Brasil foram os portugueses. Isso é fato e até aí, não há nenhuma novidade.

Os livros tradicionais apenas se esqueceram de registrar que o que foi chamado de colonização, na verdade articulou um amplo e violento projeto.

Projeto este que envolveu extermínio dos povos originários e apagamento de seus saberes; violências brutais físicas contra as pessoas escravizadas

---

(2) Em linha com o Pacto Nacional do Poder Judiciário Sobre Linguagem Simples, nosso objetivo é adotar essa forma de comunicação como medida de acessibilidade e inclusão. Consultar mais em: https://www.cnj.jus.br/gestao-da-justica/acessibilidade-e-inclusao/pacto-nacional-do-judiciario-pela-linguagem-simples/. Acesso em: 29 maio 2024.

e físicas e sexuais contra mulheres africanas; todas elas pessoas trazidas de diversos povos de África por meio do comércio transatlântico.

Portanto e para resumir, além de tudo isso, colonização também significa e significou exploração predatória de recursos naturais e de pessoas escravizadas; expropriação de riquezas; ocupação e domínio de imensas porções de terra etc.

É preciso, contudo, compreender que junto ao nosso processo de colonização, transcorreram outros processos colonizadores com características e em escala semelhantes em diversas partes do mundo, mais especificamente no chamado *Sul global*[(3)].

A esses processos mais amplos e mais complexos de dominação e exploração damos o nome de *colonialidade.*

Em breves linhas, explicaremos o conceito e sua característica constitutiva central, qual seja: a classificação social da população mundial de acordo com a ideia de raça.

O sociólogo peruano Aníbal Quijano, um dos principais teóricos desse conceito, explica que a *colonialidade* se assenta a partir da construção da ideia de raça, mediante a qual novas identidades são criadas, surgindo, assim, as figuras do índio, do negro, do branco, do mestiço e do europeu.

Essas identidades passam a ser classificadas por meio de um sistema de hierarquias e associadas a papéis e posições sociais, legitimando, assim, relações de dominação e exploração, as quais viabilizam de forma estrutural um sistema de "controle do trabalho de seus recursos e de seus produtos" (QUIJANO, 2005).

Nesse contexto, partimos das premissas de que as relações de trabalho se configuram como relações de poder e de que a norma jurídica laboral brasileira, em grande medida, incorpora um modo de funcionar influenciado

(3) *Sul Global,* de acordo com Boaventura Souza Santos, não é um conceito geográfico, mas epistemológico, ou seja; ligado a produção de conhecimento e que designa os lugares no mundo que se insurgem, resistem e lutam contra as experiências de opressão e destruição causadas pelo capitalismo, pelo colonialismo e pelo patriarcado (SANTOS, 2020, p. 19).

pelo modelo europeu — ou seja; eurocêntrico mas não necessariamente português —, devido aos efeitos expansivos da colonialidade.

Afirmamos então que a colonialidade e seus efeitos negativos ainda permanecem, agora atualizados sob novas e diversas formas de exploração e dominação.

É preciso entender que a colonialidade atualizou-se e seus efeitos mais perversos ainda se manifestam nas relações sociais, políticas, econômicas, jurídicas e também sobre determinadas pessoas e grupos.

Isso aconteceu mesmo após o fim das administrações coloniais e independência dos povos colonizados.

Notem, portanto, que existem dois processos distintos envolvendo a colonialidade.

Um é histórico e datado pelo marco das independências dos Estados-nação.

O outro é contínuo e atualizável, pelo fato de ter sido introjetado marcando profundamente a existência e a experiência dos povos colonizados.

Centralizaremos nosso debate nesse segundo processo, especificamente seus efeitos no caso do Brasil e nas relações de trabalho.

Desse modo, podemos explicar que *decolonizar* significa o ato de assumir conscientemente uma posição (política, jurídica, de produção de conhecimento, de prática etc.) que se contrapõe de maneira crítica a todas as consequências dos processos violentos e de exploração sofridos pelos povos colonizados, por parte dos colonizadores.

Trazendo, portanto, esse conceito para o campo do Direito do Trabalho brasileiro, somos capazes de entender que decolonizar é revelar as perversidades e desigualdades que se escondem por trás das relações de trabalho. Relações essas que herdaram da colonialidade elementos que influenciaram as estruturas estatais em suas diversas dimensões.

A legislação laboral, por ser fruto do Poder Estatal, afirma-se como legítima, democrática e estabelece o objetivo de aplicar o Direito do Trabalho de maneira a promover justiça social. Vamos problematizar e desconstruir essa ideia, pois não é bem assim.

Colocamos em causa, também, a perspectiva do senso comum justrabalhista, quando sustenta a teoria de que a sociedade brasileira experimentou uma sequência histórica linear da transição do trabalho escravo — e/ou servil — para o trabalho livre/subordinado.

Na realidade da sociedade brasileira, um dos efeitos da colonialidade sobre as normas reguladoras das relações de trabalho é que ela esconde, dentro da própria norma, relações de superexploração do trabalho humano que parecem estar dentro, mas na verdade estão fora de qualquer proteção legal.

Essas relações perversas estão ocultadas nas frestas normativas desse ramo especial do direito, sob o manto supostamente neutro e objetivo do direito — postulados que já problematizamos nas notas explicativas.

Mesmo com o princípio protetivo, central no Direito do Trabalho, subsistem, ocultas nas fissuras da lei, relações de superexploração do trabalho, que rebaixam certas pessoas e grupos a uma condição de subalternidade[(4)] e sub-humanidade.

A ideia central do texto, portanto, aborda as múltiplas consequências e vertentes da colonialidade no campo de atuação do Direito e das relações que envolvem o trabalho contemporâneo em suas diversas facetas e camadas, com ênfase nas relações de subalternidades.

Desejamos desvelar essas consequências, para então compreendê-las em suas diversas contradições e complexidades e enfrentá-las sob novas lentes e com as ferramentas disponíveis que o próprio sistema jurídico nos oferece.

---

(4) O termo subalterno tem origem em Antônio Gramsci e pode ser entendido como classe ou grupo cuja desagregação é mantida pelas classes dominantes. O conceito também é desenvolvido por teóricos indianos filiados ao Grupo de Estudos Subalternos, em especial a feminista Gayatry Chacravorty Spivak, a partir de estudos pós-coloniais, na década de 1980. Em nossa abordagem, contudo, optamos por adotar o conceito de subalternidade advindo dos estudos decoloniais do Grupo Modernidade/Colonialidade, fundado em 1998, integrado por María Lugones, Enrique Dussel, Walter Mignolo, Aníbal Quijano, entre outros dissidentes dos estudos pós-coloniais. Embora inspirados nos estudos indianos, esse grupo abre uma crítica dissidente para situar o debate sobre subalternidade.

Pretendemos, ainda, alinhar essas ferramentas jurídicas já existentes, aos quatro eixos conceituais já mencionados nas notas explicativas, quais sejam: do feminismo negro; da teoria decolonial; da intersecionalidade e do pensamento de fronteira ou *locus* de enunciação[(5)].

Nesse sentido, é relevante destacar a necessidade de pensar os referidos eixos de forma entrecruzada, ou seja; de maneira interseccional[(6)].

A perspectiva da interseccionalidade tem por objetivo nuclear a busca da justiça social — discussão que aprofundaremos mais adiante —, portanto, torna-se uma das principais ferramentas teóricas.

Ela serve para a compreensão das articulações entre aqueles eixos conceituais e, sobretudo, para revelar as violências transversais; que atravessam certas pessoas e/grupos, provenientes das combinações de diversas formas de opressão e exploração do trabalho.

Buscaremos elucidar todos esses conceitos, explicar as ferramentas e o próprio método de análise e aplicação do direito ao longo dos próximos capítulos, a fim de concluir se o ordenamento jurídico e o Direito do Trabalho de que dispomos, mesmo com suas contradições, possibilita uma interpretação e aplicação eficaz da norma trabalhista, no sentido de dar conta das demandas concretas das trabalhadoras e trabalhadores subalternizados, sobretudo, das trabalhadoras negras.

Assim, como fundamento nuclear dos quatro eixos conceituais acima mencionados, estabeleceremos o pressuposto central de que é necessário entender a raça e o gênero como categorias sociais — e não meramente biológicas.

---

(5) Por *locus* de enunciação compreende-se uma forma de pensar a partir da perspectiva subalterna em que o sujeito epistêmico assume um compromisso ético e político de produzir um conhecimento contra-hegemônico em contraponto ao pensamento eurocêntrico (BERNARDINO-COSTA e GROSFOGUEL, 2016).

(6) Resumidamente, uma análise interseccional pensa gênero e raça de forma inseparável nos indivíduos, porque essas categorias mantêm entre si uma relação de intersecção. A proposta é de se adotar uma visão de que as pessoas são atravessadas em várias dimensões de sua existência por opressões e violências. Assim, pensar gênero e raça de maneira indissociável, permite identificar melhor as vulnerabilidades que se escondem nos pontos de intersecção dessas categorias. Aprofundaremos esse conceito no capítulo próprio.

Somente a partir daí poderemos compreender os papéis estrutural e estruturante do racismo e do patriarcado[7], como elementos-chave para o processo da racialização e do sexismo e seus efeitos nas relações laborais, conforme já abordamos linhas acima ao introduzir o conceito de colonialidade e suas características constitutivas.

Cabe observar que nossa perspectiva não implica, em absoluto, negar o rico contributo teórico apresentado pelos conhecimentos produzidos em Europa. Não desejamos derrubar os alicerces epistemológicos eurocêntricos, tampouco afirmar que seus fundamentos de nada servem para a produção de conhecimento a partir do nosso ponto de vista.

É, contudo, necessário ultrapassar tais fronteiras de conhecimento para ir além, na busca de outras alternativas potenciais de enfrentamento à dominação e à opressão.

Esse *deslocamento* do modo de pensar é o que a teórica decolonial, Catherine Walsh, denomina de *giro decolonial* (2018) e Walter Mignolo conceitua como *desobediência epistêmica* (2017), conforme analisaremos com mais atenção no decorrer desse texto, em conjunto com outras autoras e autores filiados às Epistemologias do Sul[8] e aos estudos decoloniais.

Por outro lado, também é preciso assinalar que essa perspectiva de análise que se pretende adotar aqui não implica, necessariamente, um alinhamento automático com as teorias decoloniais (até porque, entre estas, há diferentes vertentes), ou mesmo com as Epistemologias do Sul, ou, ainda, com os feminismos e teorias de gênero apresentados ao longo do texto.

Pretende-se, em verdade, colher de cada campo desses pensamentos as contribuições que eles oferecem à nossa reflexão sem, contudo, deixar de apontar suas eventuais limitações, de modo que esteja presente o contraponto de uma análise crítica, se assim se mostrar pertinente.

---

(7) Em linhas gerais, o patriarcado pode ser entendido como uma natural superioridade do homem em relação à mulher nas esferas social, econômica e cultural. É importante sua compreensão para entender os papéis sociais hierárquicos entre homens e mulheres (SCHIMITZ e BUENO, 2023).

(8) As Epistemologias do Sul referem-se à produção e validação de conhecimentos ancorados nas experiências de resistência de todos os grupos sociais que têm sido sistematicamente vítimas de injustiça, opressão e destruição causadas pelo capitalismo, pelo colonialismo e pelo patriarcado (SANTOS, 2020, p. 19).

Este livro propõe, portanto, a partir de abordagem relacional e dialógica (PEREIRA e BERSANI, 2020), lançar um olhar mais específico sobre o quadro das teorias e normas do Direito do Trabalho brasileiro, levantando potenciais contribuições advindas dos estudos aqui propostos, e os possíveis caminhos de produção do conhecimento, éticos, políticos e jurídicos capazes de (re)orientar as interpretações normativas que dizem respeito ao universo do poder nas relações laborais.

Colonialidade em suas diferentes versões

Iniciaremos pela *colonialidade do poder*. Esse conceito foi desenvolvido a partir da segunda metade do século XX por teóricos decoloniais — em especial aqueles oriundos da América. Latina —, tendo como seu expoente o sociólogo peruano Aníbal Quijano.

O mencionado sociólogo, ao refletir sobre a herança deixada aos povos colonizados pelo colonialismo, propõe uma nova maneira de pensar sobre a modernidade, o capitalismo e a construção de uma identidade latino-americana(9).

A raça, portanto, na visão do referido teórico, assume um papel-chave e torna-se um conceito que passa a expressar a experiência básica da dominação colonial.

Essa experiência, como já mencionamos, ultrapassa o momento histórico da colonização e atua como um padrão de poder hegemônico duradouro e estável ao longo do tempo, produzindo e reproduzindo a colonialidade (QUIJANO, 2005).

Note que a temporalidade é, portanto, uma característica que funciona como elemento nuclear da colonialidade, permitindo que esta se atualize assim como seus efeitos, ao longo do tempo.

Conforme o domínio colonial da Europa se estende pelo mundo, por meio das grandes descobertas — que eu chamo de invasões —, esse fluxo de poder dá origem ao que Quijano aponta como outras duas dimensões da colonialidade.

---

(9) Como explica Ballestrin, Quijano, junto com outros intelectuais latino-americanos, fundaram o Grupo Modernidade/Colonialidade no final dos anos 1990, cuja proposta central foi promover uma nova abordagem crítica das ciências sociais na América Latina no século XXI. Esse grupo, prossegue Ballestrin, "oferece releituras históricas e problematiza velhas e novas questões para o continente. Defende a "opção decolonial" — epistêmica, teórica e política — para compreender e atuar no mundo, marcado pela permanência da colonialidade global nos diferentes níveis da vida pessoal e coletiva" (BALLESTRIN, 2013, p. 89).

Uma dimensão, que controla as formas de subjetividade (e de cultura), que é a *colonialidade do ser.*

Outra dimensão, que controla a produção de conhecimento e que consiste na *colonialidade do saber*, representada pelo eurocentrismo[(10)] (QUIJANO, 2005).

Todas essas dimensões da colonialidade articulam-se entre si de diversas maneiras, produzindo e reproduzindo diferentes formas de exploração e de dominação sobre indivíduos e/ou grupos específicos.

(10) Quijano, ao falar sobre o eurocentrismo, aponta que esse conceito se refere ao "nome de uma perspectiva de conhecimento cuja elaboração sistemática começou na Europa Ocidental antes de meados do século XVII (...), e que nos séculos seguintes se tornou mundialmente hegemônica percorrendo o mesmo fluxo do domínio da Europa burguesa (...). Não se trata, em consequência, de uma categoria que implica toda a história cognoscitiva em toda a Europa, nem na Europa Ocidental em particular. Em outras palavras, não se refere a todos os modos de conhecer de todos os europeus e em todas as épocas, mas a uma específica racionalidade ou perspectiva de conhecimento que se torna mundialmente hegemônica, colonizando e sobrepondo-se a todas as demais, prévias ou diferentes, e a seus respectivos saberes concretos, tanto na Europa como no resto do mundo" (QUIJANO, 2005, p. 126).

Colonialidade. Divisão racial do trabalho. Divisão internacional do trabalho

Como já referido na introdução, a colonialidade do poder, conceito desenvolvido pelo sociólogo peruano Aníbal Quijano, relaciona-se com uma forma de dominação social baseada no conceito de raça (QUIJANO, 2005).

Quijano propõe assim que a ideia de raça é uma *"categoria mental da modernidade"* construída pelos europeus no contexto de dominação colonial das Américas, com o objetivo de diferenciar conquistadores e conquistados e assim estabelecer identidades hierárquicas, classificando lugares e papéis sociais que passam a ser regidos por uma relação de dominação.

A partir do marco histórico da colonização — e no contexto em que a Europa domina o mercado mundial tomando a frente do comércio transatlântico escravocrata —, as relações sociais passam a se estabelecer, via de regra, como relações de dominação.

Dirá o filósofo e historiador camaronês Achille Mbembe, ao explicar a associação entre a terra, as populações e o território na ordem colonial, que "a colonização é uma forma de poder constituinte" (MBEMBE, 2017, p. 105). Ou seja; a colonização, por meio da colonialidade do poder, funda e estabelece uma ordem social, política, econômica e jurídica que favorece apenas aos interesses dos colonizadores.

Para que essa ordem possa funcionar, novas identidades são criadas: brancos e brancas, negros e negras, mestiços e mestiças e indígenas. Cada uma dessas identidades é associada a hierarquias, funções e lugares sociais específicos e com isso são criadas as bases de classificação social da população.

O processo de produção de novas identidades históricas, que se estrutura sobre a ideia de raça (brancos, negros, mestiços, indígenas) nada mais é do que um processo de *racialização.*

A racialização, portanto, ao criar novas identidades, ao mesmo tempo associa essas identidades a papéis e lugares na nova estrutura global de controle do trabalho.

Observe, assim, que a ideia de raça dá origem e sustentação ao conceito de *racismo e de racialização*, que em última análise, são invenções dos brancos europeus.

Essa nova tecnologia de exploração e dominação por meio da racialização de certos corpos, estabelece o fenômeno que será cunhado como *divisão racial do trabalho.*

Esse processo de divisão racial do trabalho passa a existir como se fosse algo natural e espontâneo, mas na verdade oculta a profunda violência da colonização. Quijano explicita bem esse processo:

> "(...) Desse modo, impôs-se uma sistemática divisão racial do trabalho. Na área hispânica, a Coroa de Castela logo decidiu pelo fim da escravidão dos índios, para impedir seu total extermínio. Assim, foram confinados na estrutura da servidão... muitos dos mestiços de espanhóis ou mulheres índias, já um estrato social extenso e importante na sociedade colonial, começaram a ocupar os mesmos ofícios e atividades que exerciam os ibéricos que não eram nobres. Em menor medida ou sobretudo em atividades de serviço ou que requeriam talentos ou habilidades especiais (música, por exemplo), também os mais 'abrancados' entre os mestiços de mulheres negras e ibéricos (espanhóis ou portugueses), mas demoraram a ver legitimados seus novos papéis, já que suas mães eram escravas... cada forma de controle do trabalho esteve articulada com uma raça particular. Consequentemente, o controle de uma forma específica de trabalho

> podia ser ao mesmo tempo um controle de um grupo específico de gente dominada. Uma nova tecnologia de dominação/exploração, neste caso raça/trabalho, articulou-se de maneira que aparecesse como naturalmente associada, o que, até o momento, tem sido excepcionalmente bem-sucedido. (...)" (QUIJANO, 2005).

Ao mesmo tempo em que a divisão racial do trabalho passa a funcionar, surge em escala mundial, a partir do século XVI, uma triangularização do comércio transatlântico; envolvendo Europa, África, Américas e Europa.

O esquema triangular abaixo pode ser assim descrito:

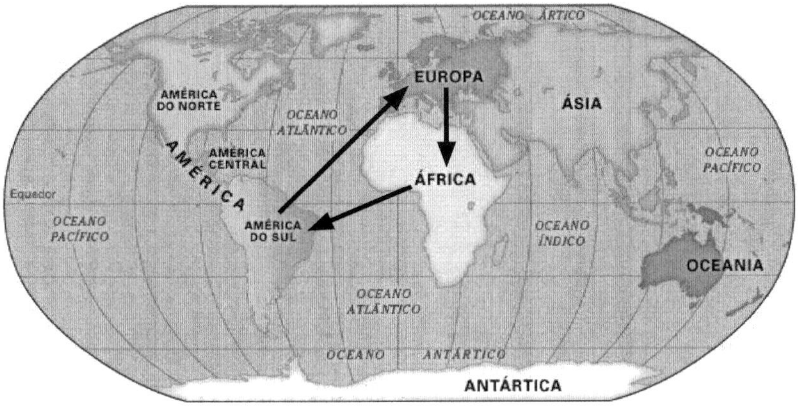

E se articula da seguinte maneira:

Europa → África → Américas → Europa: captura por parte dos europeus de pessoas de diversos povos africanos; tráfico e escravização dessas pessoas para trabalho escravo nas colônias sul-americanas; confecção de produtos por meio de trabalho para serem inseridos no mercado europeu.

Essa cadeia mercantil, articulada por meio do esquema acima descrito, deu origem à *divisão internacional do trabalho.*

Essa nova configuração estabelece uma separação geográfica e social entre os trabalhadores racializados/escravizados provenientes do regime de plantação — que, em suma é a confecção em monocultura de produtos em grandes propriedades — (periferia) e os trabalhadores brancos que auferem salário como instrumento de acumulação (centro)[11].

Em outros termos, o trabalho pago passa a ser visto como privilégio dos brancos, enquanto que o trabalho não pago é naturalmente associado às novas identidades raciais criadas pela colonialidade do poder.

Esse fenômeno contribui de forma determinante para o processo de acumulação primitiva,[12] criando as bases para a primeira revolução industrial e para o desenvolvimento do capitalismo (QUIJANO, 2005; GONÇALVES, 2017; FEDERICI, 2017).

---

(11) Os termos "periferia", "semiperiferia" e "centro" são encontrados nas obras do sociólogo estadunidense Immanuel Wallerstein. Este desenvolve a teoria "sistema-mundo", em que discorre acerca da identificação de processos passados por determinadas regiões, que separam a estrutura mundial em categorias sob as perspectivas econômica e social. Segundo essa teoria, os países mais desenvolvidos estariam situados no centro, e os subdesenvolvidos ou em desenvolvimento, na periferia (WALLERSTEIN, 2004).

(12) Gonçalves trata do conceito da "acumulação primitiva" baseado em seu criador, Karl Marx. Explica que "a acumulação primitiva é tratada como um ato originário que permite observar o movimento do capital não como um círculo vicioso em que dinheiro é transformado em capital e que, por meio desse, se faz mais-valia (lucro) e vice-versa. A característica da acumulação primitiva (produção capitalista) é a transformação de bens materiais ou imateriais em valor. Isso só é possível pela 'separação entre os trabalhadores e a propriedade das condições de realização do trabalho'. Trata-se, portanto, de um ato de expropriação (retirada forçada de bens) de grupos sociais. Disso resulta a criação de uma massa livre para vender sua força de trabalho. Esse ato envolve conquistas imperialistas, colonização, roubo por meio de assassinatos e legislações sanguinárias (...), esse processo é chamado de 'primitivo', pois identificado com a 'pré-história do capital' (GONÇALVES, 2017, p. 1.050). Esse conceito não será aqui aprofundado pois refoge ao tema central do presente livro, todavia, para facilitar a compreensão dos argumentos apresentados nesse capítulo, julgamos pertinente trazer uma breve explanação.

Colonialidade do gênero. Divisão sexual do trabalho. Como a ordem patriarcal moldou o trabalho da mulher

Essa complexa relação de poder, dominação e subjugação instituída pela colonialidade ao se combinar com a condição de gênero, em relação à mulher, faz surgir o que a filósofa e teórica feminista decolonial Maria Lugones conceitua como "*colonialidade do gênero*".

Cabe aqui uma breve explanação acerca desse conceito desenvolvido pela intelectual argentina, diante das nuances que ele assume em relação à colonialidade do poder.

Para Lugones, o conceito de colonialidade, na forma como concebido por Quijano, não é capaz por si só de dar conta de todos os aspectos do gênero.

Em sua crítica, a autora argumenta que o modelo de colonialidade de Quijano reduz a questão do gênero a um simples sistema de "controle do sexo, seus recursos e produtos".

Lugones quer dizer que a colonialidade pensada por Quijano parte de uma visão estritamente heterossexual e patriarcal, em que a mulher fica reduzida a atributos biológicos.

Segue a autora argumentando que essa abordagem homogeneizante e hiperbiologizante do sexo acaba por representar também uma perspectiva, em certa medida, colonizadora e universalizante (LUGONES, 2014).

Em outras palavras, Lugones quer dizer que Quijano, ao considerar a mulher, sem levar em conta suas particularidades em relação ao homem, e ainda considerá-la apenas tendo em vista seu sexo biológico, está assumindo a mesma postura colonizadora que ele próprio critica.

Será necessário, portanto, uma análise interseccional (entrecruzada) do fenômeno que resulta da violência colonial, sobretudo quando esta se articula com o patriarcado e com o racismo, de maneira que se ultrapasse uma análise meramente binária, dicotômica e hierárquica das categorias de gênero e raça.

Em outras palavras, tais categorias não podem ser entendidas como homogêneas, sob pena de se adotar como norma a visão do sujeito dominante do grupo, isto é: apenas são mulheres aquelas brancas, burguesas e heterossexuais; apenas são homens aqueles brancos, burgueses e heterossexuais; apenas são negros aqueles homens heterossexuais, e assim por diante (LUGONES, 2014).

Para Lugones, a lógica de separação categorial[(13)] distorce os fenômenos sociais que se encontram na intersecção como, por exemplo, a violência contra as mulheres negras e/ou racializadas (LUGONES, 2014).

Nesse sentido, não é possível ter uma dimensão tão precisa da violência colonial sem que se examine a questão do patriarcado, sob pena de ocultamento dos modos próprios de como o gênero constitui-se num elemento determinante para a opressão de um grupo específico.

O lugar das mulheres negras e indígenas na ordem colonial, portanto, determina o nível de sua objetificação[(14)] e desumanização, tanto no campo sexual quanto no do trabalho.

Ou seja, quanto mais "inferiores" eram suas raças, maior sua objetificação (MURADAS e PEREIRA, 2018). Em outras palavras; quanto mais inferiorizadas, maior o nível de objetificação e exploração de seus serviços, inclusive sexual.

Lugones nos mostra, portanto, que a exploração da mulher na ordem colonial "vai muito além da exploração sexual, resultando em uma colonialidade do gênero, fruto da articulação da colonialidade de poder, saber, ser, natureza e linguagem" (LUGONES, 2014, p. 941).

---

(13) Separação categorial é um neologismo criado por Lugones para indicar a separação de categorias que são inseparáveis por manterem entre si uma relação de interseccção, a exemplo da raça, gênero etc. (LUGONES, 2014, p. 76).

(14) Em linguagem simples, objetificação ou coisificação significa considerar um ser humano como um objeto material, tratando-o como coisa.

Por outro lado, as complexas relações entre a acumulação primitiva e a ordem patriarcal vigente foram capazes de instrumentalizar, fazendo com que a força de trabalho das mulheres operasse a favor dos homens, o que se revelou de fundamental importância para o desenvolvimento do capitalismo.

Sobre esse processo do desenvolvimento capitalista, é muito pertinente destacar a análise da historiadora feminista Sílvia Federici, que aponta uma lacuna, uma omissão do filósofo e economista Karl Marx acerca da análise da força de trabalho feminina nesse processo de divisão sexual do trabalho.

De acordo com Federici, Marx ignorou o fato de como as mulheres contribuíram para a reprodução da força de trabalho e consequentemente para o processo de "acumulação primitiva". Isso colaborou para a ocultação da importância econômica do trabalho realizado no âmbito doméstico e da sua função na acumulação do capital (FEDERICI, 2017).

Em outras palavras, Marx não atribuiu valor econômico ao trabalho doméstico, mesmo com o fato de que o trabalho doméstico é um tipo de trabalho e as mulheres executavam esse trabalho, sem qualquer remuneração.

Portanto, ao mesmo tempo em que, por força do patriarcado, a execução do trabalho doméstico foi destinada apenas às mulheres, como se fosse algo natural, esse fato também contribuiu para o desenvolvimento do capitalismo, na medida em que possibilitou aos homens trabalhadores venderem sua força de trabalho livremente, em troca de remuneração, ganhando salário à custa do trabalho doméstico que não executavam igualmente com as mulheres.

A historiadora Federici tem uma explicação que considero perfeita para essa desvalorização do trabalho feminino, em especial o doméstico. Ela diz que o trabalho doméstico é a parte não remunerada da jornada de trabalho (FEDERICI, 2017).

É, portanto, sobre essas bases que surge uma nova divisão do trabalho, agora sob o signo do gênero[(15)]. Sobre esse processo, Federici segue discorrendo de forma elucidativa:

---

(15) Conquanto o conceito traga a expressão "sexual", preferimos aqui adotar a terminologia "gênero" a "sexo", por aquela revelar-se mais consentânea com as expressões de identidades contemporâneas para além do caráter biologizante que a dicotomia homem x mulher impõe.

> "(...) Como demonstra essa breve história das mulheres e da acumulação primitiva, a construção de uma nova ordem patriarcal, tornava as mulheres servas da força de trabalho masculina, de fundamental importância para o desenvolvimento do capitae lismo. Sobre esta base, foi possível impor uma nova divisão do trabalho... assim como a divisão internacional do trabalho, a divisão sexual foi, sobretudo, uma relação de poder, uma divisão dentro da força de trabalho, ao mesmo tempo que um imenso impulso à acumulação capitalista.
>
> Devemos enfatizar esse ponto, dada a tendência a atribuir exclusivamente à especialização das tarefas laborais o salto que o capitalismo introduziu na produtividade do trabalho. Na verdade, as vantagens que a classe capitalista extraiu da diferenciação entre trabalho agrícola e industrial e dentro do trabalho industrial — celebrada na ode de Adam Smith à fabricação de alfinetes — atenuam-se em comparação às extraídas da degradação do trabalho e da posição social das mulheres.
>
> Conforme defendi, a diferença de poder entre mulheres e homens e o ocultamento do trabalho não remunerado das mulheres por trás do disfarce da inferioridade natural permitiram ao capitalismo ampliar imensamente 'a parte não remunerada do dia de trabalho' e usar o salário (masculino) para acumular trabalho feminino" (FEDERICI, 2017, p. 232-234).

Para contextualizar e compreender essa discriminação, as bases do conceito da divisão sexual do trabalho são lançadas em França por volta dos anos 70 do século XX, segundo as pesquisadoras Hirata e Kergoat.

Naquele contexto, as discussões sobre o tema foram muito impulsionadas pelos movimentos feministas que pretendiam não apenas denunciar as desigualdades entre os gêneros, mas principalmente questionar os próprios contornos do conceito de trabalho.

A pretensão dessa corrente feminista era enfatizar a ideia de que o trabalho doméstico (reprodutivo) deveria integrar o campo do trabalho profissional (produtivo).

Apenas para facilitar a compreensão, as ideias de trabalho *reprodutivo* e *produtivo* partem da ideia de o trabalho estar ou não inserido no mercado de trabalho capitalista.

Como o trabalho doméstico não estava inserido no mercado de trabalho capitalista, foi considerado um trabalho reprodutivo, porque ligado às tarefas de cuidado da família e da casa, dos filhos e maridos, ou seja; da manutenção da vida.

Por sua vez, o trabalho produtivo é aquele que surge da venda da força de trabalho humano (predominantemente executado por homens) — em troca de salário —, transformada em mercadoria.

Retomando, essas feministas problematizaram (questionaram) a naturalidade com que eram atribuídas as funções domésticas às mulheres, ao mesmo tempo em que essas funções eram invisibilizadas e desvalorizadas (HIRATA e KERGOAT, 2007).

É nesse contexto que a divisão entre os domínios do que é público (trabalho executado fora do âmbito doméstico) e do privado (trabalho executado no âmbito doméstico) é colocada em questão.

Assim é que as coisas da esfera pública (trabalho produtivo/função provedora) eram naturalmente associadas aos homens e as coisas da esfera privada (trabalho reprodutivo/função cuidadora) atribuídas às mulheres.

Essa dicotomia ou divisão que se constitui entre o público e o privado é confrontada pelas revoluções culturais e pela força do movimento feminista no século XX, fortalecendo o desenvolvimento de teorias sobre a divisão sexual do trabalho (FEDERICI, 2017).

Acrescentamos à análise de Hirata e Kergoat acerca da questão do trabalho reprodutivo uma dimensão sutil, mas profundamente colonial, que as autoras não atentam e que afeta as mulheres negras — em que pese havia mulheres negras em França, contexto analisado pelas autoras.

As autoras não levaram em conta que a extração de trabalho de mulheres negras e de seus corpos, não só considerados em si mesmos, mas também como úteros reprodutores de mais força de trabalho humano, elevou ao máximo o sucesso do projeto capitalista por elas criticado (VERGÈS, 2020).

Por outro lado, quando giramos a bússola para *Sul global* — conceito já explicado na introdução —, ao mesmo tempo, surgem as primeiras análises sobre a divisão sexual do trabalho realizadas na França nos anos 1970/1980 do século XX.

Verificamos no Sul global, também nas décadas de 1970/80, um conjunto de reflexões teóricas desenvolvidas principalmente pela intelectual feminista negra brasileira Lélia Gonzalez, em sua obra seminal "*Por um feminismo afro-latino-americano*".

Naquela altura, o que pensava Gonzalez sobre a questão da divisão do trabalho?

Bem, no ensaio intitulado *"A mulher negra"* escrito no ano de 1984, Gonzalez reflete sobre questão do gênero tratando de articulá-la com a questão da raça[(16)].

Aponta ainda a autora a desvalorização do trabalho feminino e critica a naturalidade com que esse fato se impõe tanto à "mulher em geral e à negra em particular".

Em uma análise crítica e aguda, Gonzalez denuncia de forma veemente as diferentes maneiras pelas quais a discriminação de gênero opera no Brasil apontando o dedo para o racismo como um elemento que reproduz e reforça a desigualdade entre mulheres brancas e negras:

> "(...) é um racismo cultural que leva, tanto algozes como vítimas, a considerarem natural o fato de a mulher em geral e a negra em particular desempenharem papéis sociais desvalorizados em termos de população economicamente ativa. No que se refere à discriminação da mulher, que se observem, por exemplo, as diferenças salariais no exercício de uma função com relação ao homem, e a aceitação de que 'está tudo bem'. Quanto à mulher negra, sua falta de perspectiva quanto à possibilidade de novas alternativas faz com que ela se volte para a prestação de serviços

(16) Gonzalez foi precursora nas primeiras reflexões sobre o conceito de interseccionalidade que sua homóloga estadunidense, Kimberlé Crenshaw, viria a desenvolver no final da década de 1980, na obra seminal "Demarginalizing the intersection of race and sex; a black feminist critique of discrimination doctrine, feminist theory and antiracist politics".

domésticos, o que a coloca numa situação de sujeição, de dependência das famílias de classe média branca. A empregada doméstica tem sofrido um processo de reforço quanto à internalização da diferença, da 'inferioridade', da subordinação. No entanto, foi ela quem possibilitou e ainda possibilita emancipação a econômica e cultural da patroa dentro do sistema de dupla jornada, como já vimos (...)" (GONZALEZ, 2020, p. 35).

O Direito do Trabalho brasileiro e seus pressupostos eurocêntricos. Uma conversa honesta sobre o Direito do Trabalho que desejamos interpretar e aplicar na prática

A doutrina (ou conjunto de estudos teóricos) hegemônica, predominante justrabalhista, com exceção de algumas poucas teorias, adotou a teoria de que o Direito do Trabalho brasileiro surge de um processo histórico sucessivo, linear e homogêneo que culminaria na transição do trabalho escravo-servil (pré-mercantil) para o trabalho livre (mercantil) (DELGADO, 2017; SÜSSEKIND *et al*, 2002).

Em outras palavras, para a corrente teórica tradicional, esse ramo especializado do saber jurídico é dotado, por essência, da capacidade de regular as relações do trabalho livre e juridicamente subordinado.

Isso quer dizer que, para a grande maioria dos teóricos dessa área — influenciados pelo modelo industrialista europeu —, as normas trabalhistas brasileiras seriam capazes de proteger a relação de emprego padrão típica da modernidade capitalista (PALHARES e NICOLI, 2020).

Desse pensamento jurídico estabelecido surge, portanto, um modelo de regulação em que o trabalhador hipossuficiente "vende" sua força de trabalho em troca de um salário.

Em contexto brasileiro, esses estudos e produções da maioria dos teóricos ganham muita força.

O fato, ao nosso ver, equivocado, é que eles associam, em termos de momento histórico, o surgimento do Direito do Trabalho ao fim da escravidão.

Nesse sentido, ao teorizar sobre os pressupostos histórico-materiais[17] do Direito do Trabalho e da relação de emprego, um dos mais prestigiados doutrinadores dessa área, Mauricio Godinho Delgado (2017) aponta:

> "(...) Em país de formação colonial, de economia essencialmente agrícola, com um sistema econômico construído em torno da relação escravista de trabalho, como o Brasil, até fins do século XIX, não cabe se pesquisar a existência desse novo ramo jurídico enquanto não consolidadas as premissas mínimas para a afirmação socioeconômica da categoria básica do ramo justrabalhista, a relação de emprego. Se a existência do trabalho livre (juridicamente livre) é pressuposto histórico-material para o surgimento do trabalho subordinado (e, consequentemente, da relação empregatícia), não há que se falar em ramo jurídico normatizador da relação de emprego sem que o próprio pressuposto dessa relação seja estruturalmente permitido na sociedade enfocada. Desse modo, apenas a contar da extinção da escravatura (1888) é que se pode iniciar uma pesquisa consistente sobre a formação e consolidação histórica do Direito do Trabalho no Brasil (...)" (p. 126).

Alice Monteiro de Barros (2007) — outra doutrinadora famosa —, citando um outro autor expoente nesse campo, espelha e reforça o paradigma epistemológico eurocêntrico; do pensamento produzido na Europa.

Barros contextualiza e considera as causas do surgimento do Direito do Trabalho no Brasil em fatos ocorridos na Europa, conferindo-lhes o caráter universalizante típico do pensamento moderno-liberal que, em suma defende a liberdade política de cidadãos e sua igualdade perante a lei, com pouca intervenção do Estado:

> "(...) No Brasil, Evaristo de Moraes Filho, em excelente síntese, aponta como principais causas do aparecimento do Direito do

(17) Em linhas gerais, podemos entender que "pressupostos" são suposições antecipadas sobre determinada situação. Por "histórico-materiais", podemos considerar a combinação do momento histórico e as condições concretas existentes em um determinando contexto social.

> Trabalho no contexto mundial os vícios e as consequências da liberdade econômica e do liberalismo político o maquinismo; a concentração de massas humanas e de capitais; as lutas de classes, com as consequentes rebeliões sociais com destaques para os ludistas ou cartistas na Inglaterra; as revoluções de 1848 e 1871, na França, e de 1848, na Alemanha; livres acordos entre grupos econômicos e profissionais regulando as relações entre patrões e operários, mais tarde, reconhecidos pelo Estado como lei; a *Encíclica Rerum Novarum*, de Leão XIII; a guerra (1914-1918), cujo fim (1919) conferiu ao Direito do Trabalho posição definitiva nos ordenamentos jurídicos nacionais e internacionais (...)" (p. 66-67).

Esse modo de pensar reflete o modelo de pensar europeu (eurocentrismo), precisamente porque considera o surgimento do Direito do Trabalho e da relação de emprego como fatos simultâneos e gestados em um mesmo contexto histórico do Brasil Colonial.

Sob a ótica do pensamento moderno-liberal-eurocêntrico, a venda ou a mercantilização da força de trabalho — e, consequentemente, o advento do trabalho livre — seriam o resultado pronto e acabado da superação das formas de trabalho pré-mercantis consistentes na escravidão e na servidão, tal como uma sucessão histórica unilinear (MURADAS e PEREIRA, 2018; MACHADO, 2003).

Em suma, esse tipo de pensamento não leva em conta a continuidade e a atualização dos efeitos da colonialidade no campo das relações de trabalho, conforme falamos anteriormente

Por outro lado, ao analisarmos as bases de conhecimento (bases epistemológicas) do Direito do Trabalho brasileiro a partir de uma perspectiva decolonial e interseccional, verificaremos que a norma juslaboral brasileira esconde em seu núcleo objetivo um sistema que legitima e perpetua desigualdades de gênero, raça e classe (PEREIRA e BERSANI, 2020).

Esse sistema de institucionalização e legitimação de opressões é ocultado pelo campo discursivo doutrinário tradicional, que argumenta de forma unívoca e acrítica a necessidade de tutela do paradoxal trabalho livre/subordinado, pura e simplesmente.

Recordando nossa explicação anterior sobre o que é decolonizar o direito, afirmamos que norma trabalhista analisada e aplicada de forma objetiva e neutra, sem atentar para as vulnerabilidades e especificidades de certos trabalhadores a trabalhadoras, reforça o racismo, sexismo e superexploração em certas relações de trabalho.

Isso ocorre porque essa mesma norma esconde em suas fissuras situações de opressão que são ocultadas, invisibilizadas por uma análise sem as lentes da interseccionalidade e da teoria decolonial.

Em função do modelo de sociedade *capitalista-colonial,* no qual as normas justrabalhistas brasileiras foram fundadas (ANDRADE e D'ANGELO, 2016), a colonialidade, em sua vertente epistêmica — isto é, a colonialidade do conhecimento, do saber —, operou e permanece operando de maneira profunda na constituição, interpretação e aplicação desse conjunto de normas.

Isso implica viabilizar e adotar um modelo jurídico que acaba por proteger predominantemente um grupo de trabalhadores racializado (não negros), masculino e heterocisnormativo, entendendo-se este último como aquele que não foge do padrão binário masculino/feminino (PEREIRA e BERSANI, 2020).

Portanto, a concepção do Direito do Trabalho brasileiro adotada pela doutrina majoritária oculta, apaga e esconde sobreposições entre diversas formas de trabalho que escapam ao núcleo protetivo, formas estas que ocorreram durante e após o fato histórico da colonização.

São tornadas invisíveis também, nessa concepção, as respectivas articulações com as categorias de raça e gênero. Esse ocultamento persiste até hoje no Direito do Trabalho nacional e necessita ser urgentemente revelado.

A fim de nos auxiliar nessa tarefa, invocamos a aguçada análise de Quijano, ao contextualizar a transição das relações — ou modos de produção — entre capital e pré-capital. Nesse sentido, ao debater acerca de capital e capitalismo, o autor acentua (2005):

> "(...) Do ponto de vista eurocêntrico, reciprocidade, escravidão, servidão e produção mercantil independente são todas percebidas como uma sequência histórica prévia à mercantilização da

> força de trabalho. São pré-capital. E são consideradas não só como diferentes, mas como radicalmente incompatíveis com o capital. O fato é, contudo, que na América elas não emergiram numa sequência histórica unilinear; nenhuma delas foi uma mera extensão de antigas formas pré-capitalistas, nem foram tampouco incompatíveis com o capital (...)" (p. 126).

Portanto, a doutrina brasileira justrabalhista majoritária, ao perpetuar o pensamento eurocêntrico que estabelece essa suposta diferença trans-histórica entre trabalho escravo-servil e trabalho livre-subordinado, trata de esconder as violências e exclusões que se localizam na intersecção das categorias de raça e gênero, confessando, com isso, seu pacto silencioso com a colonialidade, conforme esquadrinharemos adiante.

A pretexto de desempenhar uma função "civilizatória" (SUPIOT, 2016), o Direito do Trabalho, em seu modelo fundacional, autoproclama-se como um ramo especial do direito.

Os cânones, ou grandes referências, desse campo apontam uma diferença elementar entre o Direito do Trabalho e o Direito Civil, e, consequentemente, entre os respectivos contratos de prestação de serviços que deles advêm.

Na Europa, os mesmos pressupostos civilizatórios serviram de fundamento axiológico — valores tidos como incontestáveis — para o surgimento do Direito do Trabalho, como um ramo autônomo e distinto do Direito Civil.

Em Portugal, por exemplo, ao tratar do processo de "juridificação" das relações laborais, o professor Antônio Monteiro Fernandes (2014, p. 29) aponta as condições materiais que levaram o Estado a promover tal processo:

> "(...) Foram as formas extremas e particularmente gritantes de exploração, emergentes da organização da produção em termos fabris, que forçaram os poderes públicos, por todo o lado em que o surto da industrialização ocorria, a abandonar a 'neutralidade' exigida pelos princípios do liberalismo econômico e intervir no domínio das condições em que o trabalho era prestado nas fábricas (...)."

O contrato de natureza civil é centrado na plena autonomia e vontade das partes (locação de obra, por exemplo), além de fundado no individualismo contratualista típico do liberalismo clássico o que, em resumo, significa que as partes são livres para contratar e o contrato torna-se lei entre as partes, desde que não ajustem nada ilícito.

O contrato de trabalho, por sua vez, distingue-se pela forma de gestão da atividade do trabalhador, que fica a cargo do tomador do trabalho. Este, o empregador, assume o risco dessa atividade (locação da força de trabalho) e tem como contrapartida a subordinação jurídica do trabalhador.

Nessa relação, o trabalhador tem direito ao salário e em razão da referida subordinação deve, como regra geral, submeter-se ao poder de direção do empregador sobre os rumos da atividade empresarial.

Nesse sentido, a característica essencial do Direito do Trabalho é uma proteção jurídica específica do trabalhador, que se dá como contrapartida à subordinação jurídica deste em relação a um contrato de trabalho (MURADAS e PEREIRA, 2018).

Essa perspectiva, baseada no modelo europeu, consolida-se com o surgimento da Revolução Industrial e do Estado Moderno, simboliza a vitória da classe burguesa em face do absolutismo monárquico e dá origem à relação de emprego padrão (MURADAS e PEREIRA, 2018).

Portanto, de um lado, tem-se o trabalhador hipossuficiente, que "vende" sua força de trabalho, e de outro, um empregador que gerencia e assume os riscos dessa força de trabalho e tem, como contrapartida, a sujeição (inclusive corpórea) daquele trabalhador mediada pelo direito.

Neste contexto, surge a figura paradoxal do trabalho *livre e subordinado* com a finalidade de estabelecer um contraponto e sepultar as relações de trabalho vivenciadas anteriormente, ou seja, as relações escravas e servis (MURADAS e PEREIRA, 2018).

Esse modelo de sociabilidade das relações de trabalho é universalizado, ou seja; considerado como único modelo existente capaz de regular aquelas relações.

Ele produz uma nova regulamentação legal centrada no trabalho livre/subordinado e na regulação do conflito capital x trabalho.

É nesse universo de relações em constante tensionamento que o Direito do Trabalho se estrutura como um sistema de conhecimento jurídico destinado a manter a estabilidade do conflito social que fica encoberto nas profundezas das relações sociais entre o capital e o trabalho (PALHARES e NICOLI, 2020).

Essa permanente e complexa arena de disputas é cercada pelas características da proteção do trabalhador, da ambivalência (dois valores que se opõem); porque serve tanto ao trabalhador quanto ao empregador. Há, ainda, a característica da pacificação, no sentido de buscar o equilíbrio entre as dimensões econômica e social (PALHARES e NICOLI, 2020).

O Direito do Trabalho brasileiro incorporou, portanto, esse modelo eurocêntrico de sociabilidade de relações homogêneas de trabalho e (re)produziu um sistema jurídico que não considerou outros modos de trabalhar existentes no mundo e que persistiram mesmo após o fim da escravidão.

Desse modo, ocultou outras camadas existentes entre as formas de trabalho escravo-servil e assalariado, as quais "foram simultâneas e associadas à ideia de raça e gênero para naturalizar as funções inferiores na divisão social do trabalho" (MURADAS e PEREIRA, 2018, p. 2.120).

Nesse sentido, cabe afirmar que mesmo com o fato histórico que consistiu no fim da escravidão, a sociedade brasileira manteve relações de trabalho muitas outras que não aquelas estabelecidas sob o modelo do trabalho assalariado em sua versão protegida pelo núcleo essencial do Direito do Trabalho.

Estas, por sua vez, foram invisibilizadas pelas ideias da universalidade e da "relação de emprego advinda como a grande conquista da sociedade moderna" (MURADAS e PEREIRA, 2018, p. 2.128).

As categorias centrais do Direito do Trabalho (trabalho livre/subordinado; jornada de trabalho; salário), por força da colonialidade do saber, foram criadas a partir de um lugar epistêmico do sujeito dominante, não levando em conta a perspectiva dos sujeitos subalternizados (PEREIRA e BERSANI, 2020).

Nesse contexto, Grosfoguel (2008) distingue "lugar epistêmico" de "lugar social". Segundo esse autor, *"o fato de alguém se situar socialmente no lado oprimido das relações de poder não significa automaticamente que pense epistemicamente a partir de um lugar epistêmico subalterno*" (p. 119).

O que o autor quer dizer com "lugar social" é que o fato de, por exemplo, um trabalhador ou trabalhadora que ocupa um lugar social subalterno e vivencia uma realidade de superexploração, não necessariamente é capaz de ter consciência de sua condição e, portanto, não tem condições de se insurgir contra tal opressão, nem do ponto de vista prático, muito menos do ponto vista de produção do conhecimento.

Por outro lado, aquele que ocupa o "lugar epistêmico", tem condições de produzir conhecimento e práticas insurgentes contra opressões se situar suas reflexões a partir do ponto de vista do subalterno.

Então vejam como a colonialidade do saber pode levar pessoas socialmente situadas na esfera do oprimido a produzirem e reproduzirem uma forma de pensamento situada na esfera do opressor, usando ou instrumentalizando, assim, a ciência jurídica para projetar princípios, valores e regras naturalizados sob a ótica da cultura dominante (PEREIRA e BERSANI, 2020).

Logo, a suposta "neutralidade" das ciências jurídicas assim produzidas tem se revelado um eficiente dispositivo para mascarar o racismo/sexismo/classismo epistêmico, ao tempo em que concede à branquitude(18) masculina heterocisnormativa um conjunto de privilégios nos espaços acadêmicos (PEREIRA e BERSANI, 2020).

Portanto, o pacto entre as colonialidades do poder e do saber promove dupla e respectivamente a exclusão da experiência subalterna e dos saberes subalternos, assim considerados não científicos (QUIJANO, 2005; NICOLI e PEREIRA, 2022).

Recuperando nosso argumento inicial, portanto, ao analisarmos as bases epistemológicas (de produção do conhecimento) do Direito do Trabalho brasileiro sob as perspectivas decolonial e interseccional, verificaremos que a norma juslaboral pátria abriga e assegura em suas fissuras um sistema de legitimação e perpetuação de desigualdades de gênero, raça e classe.

---

(18) Trata-se de um conceito recente no contexto das discussões sobre a raça e que significa, em suma, um conjunto de privilégios materiais e imateriais que pessoas brancas detêm, pelo simples fato de serem brancas.

É, pois, nessas fissuras que se esconde a estreita relação entre a colonialidade do poder e a colonialidade do saber (ou, no caso, jurídica), evidenciando a adesão hegemônica da doutrina justrabalhista ao modelo eurocêntrico do trabalho livre assalariado (MURADAS e PEREIRA, 2018).

Por isso, ao nosso sentir, a fim de abrir espaço no *locus* de enunciação às sujeitas e aos sujeitos subalternizados, é necessário um exercício de desprendimento epistêmico (MIGNOLO, 2017), de giro decolonial (BALLESTRIN, 2013; WALSH *et al*, 2018).

Antes de nos aprofundarmos um pouco mais na discussão teórica acerca da relação entre os conhecimentos justrabalhistas e a colonialidade, faremos aqui uma breve digressão relativa aos principais vetores de análise crítica em que nos apoiaremos para destrinchar essa problemática.

Trata-se da abordagem teórica oferecida pelas Epistemologias do Sul. Um dos expoentes dessa vertente é Boaventura Souza Santos (2020). Com as ressalvas feitas nas notas explicativas sobre a pessoa, vamos aqui usar seu conhecimento apenas para servir aos objetivos propostos por este livro.

O autor ensina que:

> "(...) As Epistemologias do Sul referem-se à produção e validação de conhecimentos ancorados nas experiências de resistência de todos os grupos sociais que têm sido sistematicamente vítimas de injustiça, opressão e destruição causadas pelo capitalismo, pelo colonialismo e pelo patriarcado (...)" (p. 19).

Segundo Santos (2020), as Epistemologias do Sul não se ocupam do objeto da epistemologia convencional. Isto é, não se destinam a estudar o conhecimento e/ou o contexto social em que este surge e se fundamenta.

Trata-se, antes de tudo, de "epistemologias experienciais", ou seja, formas de produzir conhecimento que surgem do reconhecimento e da valorização daquelas experiências que sequer são consideradas como "conhecimento" pelos espaços acadêmicos. Sob esse panorama, esses conhecimentos sofrem uma espécie de apagamento que é denominado por muitos autores e autoras como "epistemicídio" ou apagamento epistêmico[(19)].

(19) Sueli Carneiro assim explica o epistemicídio: "para além da anulação e desqualificação do conhecimento dos povos subjugados, um processo persistente de produção da indigência cultural:

Em outros termos, as Epistemologias do Sul ocupam-se da dimensão cognitiva, de compreesão das experiências de luta e dos conhecimentos produzidos e experimentados em práticas sociais concretas (SANTOS, 2020).

Outro aspecto das Epistemologias do Sul é que elas não se referem necessariamente às experiências geograficamente vivenciadas no hemisfério sul do planeta, mas sim em todo e qualquer lugar em que essas experiências tenham sido produzidas em um contexto de lutas contra o capitalismo, o colonialismo e o patriarcado.

A finalidade desse conjunto de experiências e de conhecimento é, desse modo, revolucionária, no sentido de que deseja criar as condições materiais para que os grupos sociais oprimidos possam interpretar e "representar o mundo como seu e nos seus próprios termos, pois apenas desse modo serão capazes de o transformar de acordo com suas próprias aspirações" (SANTOS, 2020, p. 19).

Nesse contexto, um dos conceitos apresentados por Santos, no âmbito das Epistemologias do Sul, é o da linha abissal. Esse conceito é bastante útil para a abordagem que pretendemos adotar nesse trabalho, porque a linha abissal revela-nos os diferentes tipos de exclusão social. Argumenta Santos (2020):

> "(...) Tenho defendido que a ciência moderna, em especial as ciências sociais modernas, incluindo as teorias críticas, nunca reconheceram a existência da linha abissal (SANTOS 2009a: 23- 71; 2014a: 118-134). As ciências sociais modernas conceberam a humanidade como um todo homogéneo que habita deste lado da linha e, portanto, como totalmente sujeita à tensão entre regulação e emancipação. Claro que a ciência moderna reconheceu a existência do colonialismo histórico,

---

pela negação ao acesso à educação, sobretudo de qualidade; pela produção da inferiorização intelectual; pelos diferentes mecanismos de deslegitimação do negro como portador e produtor de conhecimento e de autoestima pelos processos de discriminação correntes no processo educativo. Isto porque não é possível desqualificar as formas de conhecimento dos povos dominados sem desqualificá-los também, individual e coletivamente, como sujeitos cognoscentes. E, ao fazê-lo, destitui-lhe a razão, a condição para alcançar o conhecimento "legítimo" ou legitimado. Por isso o epistemicídio fere de morte a racionalidade do subjugado ou a sequestra, mutila a capacidade de aprender etc." (CARNEIRO, 2005, p. 97).

> baseado na ocupação territorial estrangeira, mas não reconheceu o colonialismo enquanto forma de sociabilidade que faz parte integrante da dominação capitalista e patriarcal e que, por isso, não terminou quando o colonialismo histórico chegou ao fim... No âmago dessa imaginação modernista, existe a ideia de humanidade como totalidade construída com base num projeto comum: direitos humanos universais. Essa imaginação humanista, herdeira do humanismo renascentista, foi incapaz de perceber que, uma vez combinado com o colonialismo, o capitalismo seria intrinsecamente incapaz de abdicar do conceito do sub-humano enquanto parte integrante da humanidade, ou seja, a ideia de que existem alguns grupos sociais cuja existência social não pode ser regida pela tensão entre regulação e emancipação, simplesmente porque não são completamente humanos. Na modernidade ocidental, não há humanidades sem sub-humanidades (...)" (p. 47-48).

Portanto, o conceito da linha abissal ajuda-nos a reconhecer e compreender que determinados grupos sociais, ao término histórico da ordem colonial, ficaram concretamente de fora do campo protetivo construído pelo Direito do Trabalho, muito embora as formulações teóricas que originaram esse campo jurídico, bastante influenciadas pelo humanismo eurocêntrico, tenham criado o discurso de universalização dos direitos laborais como uma conquista da modernidade a ser celebrada.

O que as lentes de uma análise decolonial revelam é que os elementos teóricos que construíram o Direito do Trabalho ocultaram outras formas variadas de modos de trabalhar no mundo, invisibilizando e desvalorizando as experiências do trabalho "autônomo", mas economicamente dependente, do trabalho doméstico e reprodutivo, entre outras formas de trabalho precarizado (PALHARES e NICOLI, 2020).

Na América colonial, as diversas formas de trabalho e de controle do trabalho não apenas eram desempenhadas concomitantemente, mas, principalmente, articularam-se em torno do capital e ajudaram a constituir um novo padrão de organização e controle do trabalho: o capitalismo (QUIJANO, 2005).

É, então, nesses termos que se coloca a relação assimétrica, desigual entre o centro íntegro da proteção jurídica e suas margens (periferia). Relação esta cujas fendas são reveladas pela linha abissal, a qual também evidencia que a garantia essencial de direitos, tal como proclamada pela doutrina eurocêntrica justrabalhista, sempre esteve e ainda está de costas para determinados grupos de trabalhadoras e trabalhadores.

Subordinação jurídica *versus* subalternidade jurídica. Como certas trabalhadoras e trabalhadores são invisíveis para o Direito do Trabalho?

Conforme já argumentamos linhas atrás, há um discurso quase unívoco ou único na doutrina prevalente em sustentar que o Direito do Trabalho nasce em decorrência da transição do trabalho escravo/servil para o trabalho livre/subordinado e ergue-se como um novo modelo do Estado Moderno, burguês e liberal.

Esse modelo se considera apto a assegurar uma proteção jurídica especial ao trabalhador como forma de compensar a superioridade econômica do empregador, uma vez que são partes de uma relação jurídica assimétrica, ou desigual (ANDRADE e D'ANGELO, 2016).

Nesse contexto, a ciência jurídica laboral constrói um conjunto de princípios especiais em torno de sua categoria central: a relação de emprego subordinada elaborando normas tanto em nível constitucional quanto infraconstitucional, com o objetivo de garantir que determinados direitos laborais não pudessem ser negociados.

Ou seja, a norma estabeleceu que um certo conjunto de direitos estariam plenamente garantidos aos trabalhadores, como contrapartida à sua subordinação jurídica, legitimando e universalizando um modelo de sociabilidade no contexto do modo de produção capitalista (ANDRADE e D'ANGELO, 2016).

A legislação trabalhista nacional estabelece algumas normas consideradas irrenunciáveis, inderrogáveis e imperativas.

Assim, é irrenunciável, por exemplo, o registro da carteira de trabalho para o exercício de trabalho na forma de relação de emprego (art. 29 da CLT).

As normas inderrogáveis dizem respeito à impossibilidade de negociar certas condições de trabalho, por exemplo o intervalo para descanso e refeição. É preciso assinalar que essa inderrogabilidade vem sendo gradativamente reduzida por reformas legais, dentre as principais e mais ampla as promovidas pela Lei n. 13.467/2017, Lei da Reforma Trabalhista.

Imperativas são as normas de cumprimento obrigatório, sem possibilidade de negociação. Um exemplo é a proibição do trabalho insalubre à trabalhadora gestante, durante a gestação, sem prejuízo do recebimento do respectivo adicional (art. 394-A da CLT).

Todavia, mesmo assim é possível deduzir que, contrariamente ao discurso acadêmico e doutrinário hegemônico ou predominante, o Direito do Trabalho não promoveu uma revolução no campo do direito privado (ANDRADE e D'ANGELO, 2016).

Ao contrário disso, funcionou para produzir e reproduzir um sistema de compra e venda da força de trabalho marcado por desigualdades mascaradas pelo modelo protetivo do trabalho livre/subordinado. Este, por sua vez, foi eleito como "contraponto" do trabalho escravo/servil.

Nesse sentido, se por um lado a construção de princípios jurídicos protetivos que o Direito do Trabalho empreendeu assenta-se na premissa de garantia de direitos humanos fundamentais, nos moldes do art. 23º da Declaração Universal dos Direitos Humanos[(20)], por outro, as atuais discussões sobre direitos humanos vêm jogando luzes sobre a necessidade de evidenciar a persistência das desigualdades sociais que estão presentes em torno das questões de gênero e raça (PASSOS *et al*, 2020).

Portanto, o que propomos, em termos de análise da questão abordada no presente capítulo, é uma abordagem decolonial, de modo que, ao tratarmos das

---

(20) **Declaração Universal dos Direitos Humanos, Art. 23º:** 1. Todo ser humano tem direito ao trabalho, à livre escolha de emprego, a condições justas e favoráveis de trabalho e à proteção contra o desemprego. 2. Todo ser humano, sem qualquer distinção, tem direito a igual remuneração por igual trabalho. 3. Todo ser humano que trabalha tem direito a uma remuneração justa e satisfatória que lhe assegure, assim como à sua família, uma existência compatível com a dignidade humana e a que se acrescentarão, se necessário, outros meios de proteção social. 4. Todo ser humano tem direito a organizar sindicatos e a neles ingressar para proteção de seus interesses.

categorias de gênero e raça, levemos em conta as perspectivas da mulher e do negro em geral — e, em particular, a da mulher negra, uma vez que esta se localiza na intersecção de diferentes dimensões de desigualdades que necessitam ser visibilizadas (PASSOS *et al*, 2020).

A importância de alargar a compreensão nesses termos se impõe à medida que, ao nos circunscrevermos no campo discursivo doutrinário hegemônico sobre tais opressões, acabamos por reforçar as estruturas criadas pela colonialidade que pretendemos questionar.

É nesses termos, portanto, que afirmamos que a transição promovida pelo surgimento do conjunto de normas laborais brasileiras não constitui um processo concretamente histórico e linear, muito menos revolucionário ou emancipatório, mas sim um fenômeno datado e que não alcançou plena e de forma igualitária todo conjunto de trabalhadoras e trabalhadores (ANDRADE e D'ANGELO, 2016).

A subordinação jurídica, um dos cinco elementos fático-jurídicos caracterizadores da relação de emprego nos termos dos arts. 2º e 3º da CLT, apresenta-se como conceito-chave da relação de emprego padrão.

Nas palavras do jurista e sociólogo Alain Supiot (2002), a *subordinação jurídica* é muito mais que uma característica marcante do Direito do Trabalho, é *"a pedra angular de um direito que tem por objeto essencial enquadrar o exercício do poder que confere a uma pessoa sobre outra... O Direito do Trabalho organiza a submissão da vontade"* (p. 146).

A etimologia do termo "subordinação" refere à *sub* (baixo) e *ordinare* (ordenar), significando uma relação de dependência ou obediência diante de uma hierarquia.

O termo é marcado pela ideia central de sujeição e obediência de uma pessoa ao poder e às ordens dadas por outrem. A subordinação é a limitação contratual da autonomia da vontade, de modo que há um vínculo de obediência do empregado em relação ao empregador que detém o poder de direção empresarial na forma de executar os serviços.

A subordinação é, assim, o polo antitético, ou oposto e combinado do poder de direção existente no contexto da relação de emprego (DELGADO, 2017).

A doutrina prevalente no Direito do Trabalho considera a subordinação sob um prisma objetivo, isto é: ela incide sobre o modo de realização da prestação e não sobre a pessoa do trabalhador. Nesse sentido, para essa mesma corrente teórica, o termo "dependência", constante do art. 3º da Consolidação das Leis do Trabalho[(21)] — em que pese denote um vínculo pessoal entre as partes —, deve ser interpretado sem qualquer subjetivismo, pois essa perspectiva estaria superada pela doutrina (DELGADO, 2017).

Ainda, entendida como um fenômeno jurídico derivado da relação de emprego — o que a distinguiria das outras formas de sujeição decorrentes da servidão e da escravidão — a subordinação assumiria três principais dimensões, a saber: clássica, objetiva e estrutural.

Em breves linhas, explicaremos essas três principais formas de subordinação.

A clássica decorre diretamente do contrato de trabalho e impõe ao trabalhador a observância do poder de direção quanto ao modo de prestação do serviço. A objetiva se caracteriza pela inserção do trabalhador aos fins do empreendimento. Finalmente, a estrutural decorre da inserção do trabalhador na dinâmica do empreendimento, independentemente do recebimento ou não de ordens (DELGADO, 2017).

Apresentamos aqui nossa crítica ao conceito de subordinação jurídica estabelecido pela doutrina hegemônica por dois argumentos.

Primeiro: porque a objetividade atribuída ao elemento dependência é relativa.

Segundo: porque o universalismo protetivo que alcançaria de forma homogênea toda a pessoa que esteja em uma relação de emprego formal não existe por completo ou mesmo, é inexistente, ao menos para determinadas categorias de trabalhadoras e trabalhadores.

É oportuno explicar, de início, que faremos esse tensionamento conceitual utilizando a perspectiva do pensamento fronteiriço oferecida pelo filósofo contemporâneo argentino Walter Mignolo.

---

(21) Decreto-lei n. 5.452 de 1º de maio de 1943 — Art. 3º: Considera-se empregado toda pessoa física que prestar serviços de natureza não eventual a empregador, sob a dependência deste e mediante salário.

Explico: para esse autor; o pensamento de fronteira consiste em situar a produção do conhecimento *desde a perspectiva do subalterno, do espaço onde o pensamento foi negado pelo pensamento imposto pela modernidade.*

O pensamento de fronteira não nega ou ignora o pensamento tradicional da modernidade, mas posiciona-se de modo a não se subjugar a ele (MIGNOLO, 2017).

O desprendimento epistêmico é o objetivo do pensamento fronteiriço.

Ou seja; o exercício e o esforço de quem produz conhecimento é o de desapegar-se do pensamento tradicional e posicionar-se ética, política e juridicamente a partir do lugar das pessoas e/ou grupos subalternizados e oprimidos.

O pensamento de fronteira, portanto, é uma atitude epistêmica e tal como é, afirma Mignolo (2017), pretende *"transformar os termos da conversa e não só seu conteúdo"* (p. 6).

Desse modo, o pensamento de fronteira nos possibilita promover um *deslocamento* do conceito de subordinação do campo objetivo para o subjetivo.

Esse movimento nos permite compreender como a colonialidade, em suas dimensões ontológica (de existência) e epistêmica (de produção de conhecimento), influencia a norma jurídica de modo a (re)produzir o racismo e o sexismo epistêmicos para determinadas categorias de trabalhadores relegados à zona do não ser: os subalternizados (PASSOS *et al*, 2020).

Reforçamos o conceito de subalternidade para o qual mobilizamos a obra de Gayatri Chacravorty Spivak, pesquisadora indiana de estudos subalternos.

Spivak, ao problematizar a questão da divisão internacional do trabalho e da possibilidade de as pessoas oprimidas vocalizarem suas opressões, refere que o termo *subalterno* é abordado por Antônio Gramsci para identificar o proletariado, sujeitos subalternizados pelo projeto imperialista num dado contexto histórico-político (SPIVAK, 2010).

Em sua crítica, Spivak (2010) questiona o fato de que trabalhadoras e trabalhadores camponeses iletrados e que constituem "os estratos mais baixos do subproletariado urbano" são marcados por um circuito de violência epistêmica da lei e da educação que impossibilita sua representatividade (p. 54).

Transportando essa problemática para o nosso campo, podemos sintetizar que a subalternidade jurídica significa a exclusão das vozes, dos sujeitos e dos saberes subalternos, com fundamento nos modos de produção, aplicação e interpretação dos direitos (MENEZES, 2022).

Em outros termos, o conhecimento jurídico tem vozes, espaços e perspectivas localizados e que sofrem os efeitos da hierarquização promovida pela colonialidade.

As sujeitas e sujeitos subalternos, bem como suas trajetórias, são sistematicamente silenciados pela perspectiva tradicional (MENEZES, 2022).

A subalternidade, portanto, espelha no ordenamento jurídico a posição das sujeitas e sujeitos subalternos, produzindo exclusão jurídica, violação de direitos e degradação de condições materiais de trabalho, o que compromete a integridade do modelo da universalidade protetiva invocado pela doutrina hegemônica juslaboral (PASSOS *et al*, 2020).

Nesses termos, em um movimento de *desobediência epistêmica*, abrimos nosso diálogo com a doutrina trabalhista prevalente no sentido de desestabilizar o entendimento hegemônico e essencialista de que a subordinação jurídica é o elemento-chave que caracteriza a relação de emprego (PEREIRA e BERSANI, 2020).

Esse giro decolonial nos faz reposicionar as lentes teóricas que decidimos aqui utilizar, para os aspectos da subordinação jurídica que são ocultados pela colonialidade.

Isso com o objetivo de evidenciar que a superexploração e precarização de determinadas categorias de sujeitos os coloca em posição de absoluta sujeição (escravidão moderna) e, por conseguinte, ainda que formalmente protegidos por um contrato de trabalho, materialmente, estão fora dessa proteção.

Grande parte das trabalhadoras e trabalhadores, portanto, não se reconhece na arena, no cenário que o sistema jurídico laboral construiu para tratar do trabalho humano (OIT, 2014).

Ou seja, propomos, aqui, o argumento de que, no campo das relações de trabalho, nem toda relação de subordinação jurídica implica a existência de subalternidade, mas toda relação de subalternidade — quando afeta as relações de trabalho em sentido amplo — forçosamente traz consigo a subordinação jurídica.

Essa outra perspectiva do conceito de subordinação é útil para desestabilizá-lo, desconstruí-lo e reconstruí-lo em outros termos (PEREIRA e NICOLI, 2020).

Desse modo, acreditamos ser possível trazer para o campo jurídico protetivo as sujeitas e os sujeitos subalternizados os quais, devido à precariedade, à informalidade e/ou à superexploração em que se encontram, não se amoldam necessariamente a uma das três tradicionais dimensões da subordinação jurídica (clássica, objetiva e estrutural), por serem invisibilizados pelos efeitos nocivos da colonialidade que atravessam o Direito do Trabalho brasileiro.

Interseccionalidade. O que é isso?

Há certamente várias maneiras de explicar e de entender o conceito de interseccionalidade, seja em razão de sua plasticidade, seja em virtude das diversas matrizes teóricas. Ou seja; os diversos estudos produzidos sobre referido conceito fizeram com que ele se desenvolvesse a ponto de tornar uma ferramenta teórica fundamental para a compreensão e enfrentamento das diferentes formas de desigualdade.

Todas as matrizes teóricas, porém, apresentam a característica comum de serem advindas das lutas sociais, sobretudo, dos movimentos das feministas negras, tanto do Norte, quanto do Sul global (PEREIRA e BERSANI, 2020).

Parafraseando a máxima do movimento feminista negro, podemos afirmar, com relação aos pressupostos materiais ou às experiências concretas que informam o conceito da interseccionalidade, que "seus passos vêm de longe".

A abolicionista norte-americana Sojourner Truth, em seu célebre discurso realizado em 1851 na Convenção dos Direitos das Mulheres em Ohio, Akron, já denunciava a necessidade de reconhecimento de direitos das mulheres negras, ao questionar: "e eu não sou uma mulher?" (TRUTH, 2014).

De fato, o termo interseccionalidade vem sendo largamente adotado desde os últimos 20 anos, tanto no ambiente acadêmico, quanto nos diversos movimentos ativistas e de militantes de políticas públicas (COLLINS e BILGE, 2020).

Antes disso, porém, é oportuno resgatar que as discussões sobre a interseccionalidade tiveram origem nos anos 60 do século passado, nos EUA, com discussões das feministas negras.

Mais tarde, o conceito é aperfeiçoado e cunhado por Kimberlé Crenshaw, intelectual estadunidense, como uma ferramenta analítica, culminando em seu consagrado artigo publicado em 1989 e intitulado *"Demarginalizing the*

Intersection of Race and Sex: A Black Feminist Critique of Antidiscrimination Doctrine, Feminist Theory and Antiracist Politics"[22].

Nesse texto seminal, fértil, Crenshaw desenvolve uma crítica, a partir do feminismo negro, ao que ela chama de uma tendência do direito antidiscriminatório, de teorias feministas e de políticas antirracistas de considerar a raça e o gênero como categorias excludentes de experiência e de análise (CRENSHAW, 1989).

Em outros termos, o que a autora quer revelar é como as concepções prevalentes sobre discriminação nos condicionam a pensar a dominação como uma desvantagem que ocorre a partir de um eixo categorial simples (raça *ou* gênero, por exemplo).

Nesse sentido, situando a mulher negra no centro da análise, Crenshaw, em *Feminismos Jurídicos Interpelaciones y debate* (arquivo consultado no Kindle) evidencia que esse marco de referência de um só eixo elimina certos sujeitos da conceitualização, identificação e reparação da discriminação racial e sexual, pois limita a questão às experiências dos integrantes mais privilegiados do grupo e com isso cria uma distorção do racismo e/ou do sexismo:

> En otras palabras, en casos de discriminación de raza, la discriminación tiende a ser vista en términos de personas Negras privilegiadas por razones de sexo o de clase; en casos de discriminación sexual, el foco está puesto en mujeres privilegiadas por razones de clase o de raza. Este acento sobre las personas más privilegiadas de un grupo margina a quienes están atravesadas por múltiples ejes de opresión y oscurece los reclamos que no pueden ser entendidos como el resultado de distintas fuentes de discriminacion.

Em tradução livre:

> Em outras palavras, nos casos de discriminação de raça, a discriminação tende a ser vista considerando pessoas negras privilegiadas

(22) Em tradução livre: "Desmarginalizando a Intersecção de Raça e Sexo: Uma Crítica Feminista Negra da Doutrina Antidiscriminatória, Teoria Feminista e Política Antirracista".

> por razões de sexo ou de classe; em casos de discriminação sexual, o foco é direcionado às mulheres privilegiadas por razões de classe ou raça. Esta ênfase sobre as pessoas mais privilegiadas de um grupo, afasta quem é atravessado por múltiplos eixos de opressão e obscurece as demandas que não podem ser entendidas como o resultado de diferentes fontes de discriminação.

Para Crenshaw, a interseccionalidade se constitui como uma metodologia, um modo de usar o conhecimento, cujo núcleo objetivo é a busca da justiça social através da desnaturalização de processos de opressões sobrepostos (PEREIRA e BERSANI, 2020) e conforme foi explicado no trecho da autora acima traduzido.

As proposições teóricas de Crenshaw, sobre o conceito de interseccionalidade, não surgem de forma isolada no tempo e no espaço, mas se conectam com outras diversas matrizes ou referências teóricas do feminismo negro, todas tendo em comum o fato de serem fortemente influenciadas nas lutas sociais (COLLINS e BILGE, 2020).

Teremos em Lélia Gonzalez uma perspectiva da interseccionalidade a partir dos campos psicanalítico, político e cultural. Gonzalez adiciona o conceito de *amefricanidade*, ao tratar do racismo específico constituído na sociedade brasileira, ao mesmo tempo em que demarca a voz localizada do feminismo afro-latino-americano, contrapondo-se de forma crítica ao feminismo negro do Norte global (GONZALEZ, 2020).

Ângela Davis, intelectual e ativista estadunidense, por sua vez, analisa a questão da interseccionalidade a partir de um marco teórico ou influência marxista.

Davis estabelece conexões entre as relações de produção com as categorias de raça e gênero, e aponta que as lutas sociais negras no contexto norte-americano fazem parte de um movimento mais amplo de resistência dos trabalhadores ao capitalismo e ao imperialismo (PEREIRA e BERSANI, 2020).

Ao problematizar a questão da opressão sexista, a intelectual e feminista negra, também norte+americana, Bell Hooks, adota uma abordagem interseccional para denunciar e criticar a concepção simplista de busca da igualdade social entre mulheres e homens difundida pelos movimentos feministas burgueses tradicionais.

Para Hooks (2019), esses movimentos mascaram opressões de raça e classe, reforçando os privilégios da branquitude.

A escritora ativista estadunidense Audre Lorde, ao evidenciar a utilidade da abordagem interseccional, faz uma análise instigante acerca da questão da diferença do ponto de vista da economia política, ou seja; sob o aspecto das relações sociais de produção e distribuição de bens materiais e as leis que regem esse processo.

Aponta a autora existência de uma *"rejeição institucionalizada da diferença"*, estabelecida para atender à necessidade de uma economia centrada no lucro e que, portanto, para isso, precisa manter pessoas descartáveis (*outsiders*) (LORDE, 2019).

Com isso, Lorde quer dizer que a produção econômica capitalista alia-se às leis que regulam o mercado de trabalho para incluir certos trabalhadores e excluir outros, valendo-se do sistema econômico e político para criar uma massa marginal de pessoas que não acessam o mercado de trabalho, ou são por ele utilizadas de forma descartável.

A autora também argumenta que não são as diferenças que nos separam, mas sim a forma equivocada como lidamos com elas, e nesse aspecto, portanto, reside a eficiência da perspectiva interseccional.

Lorde explica que é nossa tarefa identificar tais distorções, ao mesmo tempo em que se reconhecem e se definem as diferenças sobre as quais essas distorções operam, explorando tais diferenças de uma forma criativa (LORDE, 2019).

Carla Akotirene (2019), pesquisadora feminista brasileira, enfatiza o caráter instrumental da interseccionalidade, que pode ser usada como uma ferramenta que assegura pela via teórico-metodológica(23) a "inseparabilidade das estruturas do racismo, capitalismo e cisheteropatriarcado(24),

---

(23) Resumidamente, a via teórico-metodológica pode ser entendida como a capacidade de aprender teorias e métodos para serem aplicados na prática.

(24) *Em breves linhas, o termo cisheteropatriarcado* é uma combinação de três categorias : "cis", "hétero" e "patriarcado". "cis" relaciona-se com a identidade de gênero, ligada ao sexo biológico atribuído no nascimento. "hétero" diz respeito à orientação sexual voltada para o sexo oposto, e

produtores de *"avenidas identitárias"* em que mulheres negras são repetidas vezes atingidas pelo cruzamento e sobreposição de gênero, raça e classe, modernos aparatos coloniais" (p. 14).

Nesse sentido, a socióloga e feminista argentina Maria Lugones (2014), ao teorizar sobre a colonialidade do gênero, também aponta que a metodologia oferecida pela interseccionalidade revela o que não se vê quando categorias de raça e gênero são tratadas de forma separada uma da outra, denunciando as distorções que a separação categorial provoca.

Mesmo diante de sua heterogeneidade e plasticidade, existe um certo consenso acadêmico no sentido de entender a interseccionalidade como uma ferramenta de investigação que tem como finalidade compreender e explicar as distintas relações de poder e de opressão que se estabelecem em sociedade, a partir de um enfoque integrado das categorias de raça, gênero, classe, etnicidade, orientação sexual, idade, religião, deficiência etc. (COLLINS e BILGE, 2020).

É importante pontuar que, quanto à Doutora Sueli Carneiro, filósofa e precursora do feminismo negro brasileiro, Akotirene (2019) assinala a postura crítica da intelectual em não utilizar o termo interseccionalidade em suas análises.

Não por isso, o conceito, em sua substância, sempre esteve presente em seus estudos, que se dedicaram a estabelecer as imbricações ou entrelaçamentos e implicações entre as categorias de raça, gênero e classe na sociedade brasileira, enfatizando a necessidade de *enegrecer o feminismo*.

Finalmente, por honestidade intelectual, é preciso apontar que a corrente de pensamento sobre a interseccionalidade fundada por Crenshaw, não passa incólume a críticas, sobretudo, avindas por parte de feministas e intelectuais não ocidentais.

Questões como as novas identidades de gênero, por exemplo, não estariam abarcadas de forma satisfatória pela perspectiva interseccional, pois que esta, em regra, baseia-se em um padrão heteronormativo(25).

"patriarcado" já explicamos seu conceito na nota 7. Em síntese, essa combinação funciona para discriminar pessoas que não se encontram em nenhuma dessas categorias.

(25) O termo "heteronormativo" significa impor às pessoas como regra social, uma única forma de orientação sexual: a heterossexual. Indivíduos que fogem a esse padrão, são consideradas

Ainda, há críticas de feministas não ocidentais problematizando questões em torno dos racismos transnacionais e/ou fundados em preconceitos de cunho religioso ou étnico, como islamofobia, ciganofobia etc. (AKOTIRENE, 2019).

desviantes e, portanto, sofrem discriminação. A heteronormatividade, portanto, é uma construção social que discrimina todas as outras pessoas que não se enquadrem nela.

Interseccionalidade como um método de análise possível das relações de trabalho. Para que serve?

Com a expectativa de ter respondido a pergunta do tópico antecedente e diante dos referenciais teóricos lá estabelecidos, a questão que agora apresentamos é a seguinte: qual a finalidade da interseccionalidade? Ela tem potencial para ser um método de análise das relações de trabalho contemporâneas?

No atual estágio em que se encontram as produções teóricas, sobretudo as jurídicas, que ainda partem de campos epistêmicos (de produção de conhecimento) marginais e utópicos (PEREIRA e BERSANI, 2020; WOLKMER, 2017), verificamos que a interseccionalidade não é a única, mas pode ser uma das mais importantes propostas teóricas e práticas para se pensar, de forma crítica, o Direito do Trabalho contemporâneo.

Como já vimos acima, a interseccionalidade, tal como uma ferramenta (no caso, teórica) serve para nos fazer enxergar, analisar e compreender, a partir de um enfoque integrado, as categorias de raça, gênero, classe, etnicidade, orientação sexual, idade, religião, deficiência etc. Também nos faz compreender como essas categorias podem se entrelaçar ou se cumular nos indivíduos, produzindo diferentes tipos de discriminação.

Absorvido esse entendimento teórico, podemos identificar as distorções e diferenças que poderiam decorrer se adotássemos uma análise simplista (não interseccional) sobre determinado problema.

Com isso, ao mesmo tempo em que reconhecemos e definimos essas distorções e diferenças, somos capazes de, na prática — em nosso campo de atuação —, combater as distintas relações de poder e de opressão que se estabelecem em sociedade.

Como já mencionado na introdução, reconhecemos o Direito como uma varável dependente da sociedade (GUSTIN e DIAS, 2010) — com a especificidade de que o Direito brasileiro, tem seu *locus* ou lugar geopolítico, em um contexto periférico, ao mesmo tempo que é influenciado pela matriz eurocêntrica.

Em outras palavras: somos uma sociedade que se situa na chamada "periferia" do mundo (consultar nota n. 11), mas as leis que regulam as relações de trabalho são influenciadas pelo modelo europeu, que se situa no chamado "centro" do mundo e de produção de conhecimento, inclusive jurídico.

Portanto, consideramos muito importante que a presente investigação tenha como perspectiva uma abordagem interdisciplinar, que envolva outras disciplinas além do direito, e que mobilize de maneira relacional as metodologias oferecidas pela interseccionalidade, pela sociologia jurídica, pela teoria crítica do Direito e pelo pensamento decolonial (PEREIRA e BERSANI, 2020; WOLKMER, 2017).

Quanto à abordagem interseccional, reforçamos que seu potencial reside no fato de ela constituir-se numa ferramenta teórica capaz de revelar e compreender as articulações entre o racismo, o sexismo e outras formas de discriminação que produzem violências transversais (COLLINS e BILGE, 2020).

A contribuição da sociologia jurídica, bem como da teoria crítica, em termos decoloniais, está em oferecer, como alternativa metodológica, um novo pensar jurídico que promova um engajamento de quem atua nas diversas áreas do Direito do Trabalho.

Advocacia, magistratura, magistério, movimentos sociais, sindicatos etc., em suas respectivas áreas de atuações, são capazes de analisar os problemas que os cercam e a realidade concreta da sociedade a partir da perspectiva das pessoas subalternizadas, de maneira a realizar uma reconstrução radical e emancipatória da forma de pensar o Direito (WOLKMER, 2017), bem como a própria maneira de se produzir e praticar o conhecimento jurídico.

Em suma, trata-se de alcançar — para além da colonialidade do saber — outros *"horizontes utópicos e radicais para o pensamento da libertação humana, em diálogo com a produção de conhecimento"* (BALLESTRIN, 2013, p. 110).

É importante ressaltar que entendemos que a adoção de tais metodologias deve obedecer a uma aplicabilidade transitória, ou seja; deve ser utilizada à medida em que revelam e busca-se reparar as opressões sistemáticas a que as sujeitas e os sujeitos mais vulneráveis e invisibilizados são expostos nas relações de trabalho (PEREIRA e BERSANI, 2020), até que se atinga a igualdade substancial ou concreta entre indivíduos e grupos, inclusive e principalmente a igualdade de oportunidades.

O jurista negro Adilson José Moreira (2023), ao propor os fundamentos e objetivos do que ele conceitua como *"Hermenêutica Negra"*, nos auxilia muito na compreensão do processo de interpretação da igualdade e sua natureza *relacional*, ao estabelecer que a *raça* deve ocupar um papel central de interpretação e aplicação do direito:

> "(...) a interpretação da igualdade não pode ser vista como um processo neutro e objetivo. Pelo contrário, afirmaremos que a hermenêutica constitucional tem um propósito específico: a luta contra formas de subordinação...depende então da ènfaze no caráter relacional da igualdade, mandamento constitucional que deve ser visto como um princípio que procura eliminar relações arbitrárias de dominação na esfera pública e na esfera privada. Essas relações cumprem outro papel importante: são critérios para a distribuição de oportunidades materiais para os diferentes grupos. Esse é um dos motivos pelos quais devemos defender a isonomia como um parâmetro comprometido com a igualdade de *status*, englobando não apenas como igualdade formal entre indivíduos, mas sim de cidadania igualitária (...)" (p. 37-38).

Portanto, em contexto no qual o racismo, o sexismo e o classismo disputam seus lugares também no campo epistêmico (de produção de conhecimento), entendemos que a aplicação transitória da interseccionalidade, aliada às outras ferramentas teóricas e práticas oferecidas pela teoria crítica do direito, pelo pensamento decolonial e agora pela hermenêutica negra, no Direito do Trabalho brasileiro, tal qual as ações afirmativas possuem um potencial transformador na teorização das diferenças (PEREIRA e BERSANI, 2020).

Evidentemente que essa proposta não resolve todos os problemas, mas abre caminhos para alcançarmos um Direito do Trabalho mais inclusivo, transformador e verdadeiramente emancipatório para todas as trabalhadoras e trabalhadores.

A inserção e o ingresso da mulher no mercado de trabalho

Examinemos agora as diversas camadas que recobrem e encobrem a questão do acesso das mulheres em geral e, em particular, das mulheres negras ao mercado de trabalho.

Como já abordamos no capítulo que trata da divisão sexual do trabalho, o movimento feminista, que impulsiona o ingresso das mulheres no mercado de trabalho, surge nos anos que seguiram a Segunda Guerra Mundial, mais precisamente na segunda metade do século XX, a partir dos anos 1945 e seguintes.

Em breves linhas, é importante esse marco histórico, pois ele afeta negativamente o mercado de trabalho, provocando desestruturação da indústria e alto desemprego, em contraste com a experiência de recuperação econômica e social dos países desenvolvidos, depois da Segunda Guerra Mundial(26), na esteira do que se denomina como feminismo de segunda onda(27) e com o fenômeno conhecido como "feminização do mercado de trabalho"(28).

---

(26) Para quem quiser saber mais sobre esse fenômeno, recomendo a leitura do artigo (Leone e Baltar: "A mulher na recuperação recente do mercado de trabalho brasileiro". *Revista Brasileira de Estudos de População*, v. 25, n. 2, p. 233–249, jul. 2008. Disponível em:https://doi.org/10.1590/S0102-30982008000200003. Acesso em: 1º jun. 2024.

(27) Sobre a chamada "segunda onda" do movimento feminista. Ela se difere tanto em momento histórico, quanto nas pautas considerando EUA, Europa e Brasil. No Norte global, em síntese, as pautas tratavam dos direitos reprodutivos; sexualidade e luta por igualdade entre homens e mulheres e valorização das diferenças, baseado no conceito de justiça mais amplo. No Brasil, essa onda surge a partir dos anos de 1970 e basicamente defende a igualdade entre homens e mulheres no mercado de trabalho e no comportamento sexual. Para saber mais, recomenda-se o artigo (Siqueira e Bussinguer)"As ondas do feminismo e seu impacto no mercado de trabalho da mulher". *Revista Thesis Juris, [S. l.]*, v. 9, n. 1, p. 145–166, 2020. DOI: 10.5585/rtj.v9i1.14977. Disponível em: https://periodicos.uninove.br/thesisjuris/article/view/14977. Acesso em: 1º jun. 2024.

(28) O processo de "feminização do trabalho" pode ser compreendido como uma decorrência da globalização e do projeto neoliberal à medida que esses dois fenômenos fragmentaram o trabalho e as forças de trabalho, levando a uma reestruturação das demandas por flexibilidade.

Esse movimento traz um conjunto de pautas que transcendem questões relacionadas à igualdade entre homens e mulheres em termos de classe e de problematização do trabalho produtivo x reprodutivo, para também enfrentar temas relacionados às opressões de gênero e raça (SIQUEIRA e BUSSINGUER, 2020).

O impulso das feministas dos anos 70 do século XX abre espaço para que mulheres negras, pobres e subalternizadas, que não se viam representadas pelas feministas liberais (da primeira onda), protagonizassem suas lutas.

Nesse contexto, Hooks, ao teorizar sobre a natureza do trabalho no mercado estadunidense, aponta o viés de classe das feministas burguesas da época que sustentavam um discurso universal de que o trabalho seria a chave de libertação das mulheres da dependência econômica (2019, *e-reader*):

> "(...) Quando essas mulheres falavam de trabalho, elas estavam se referindo a carreiras bem-remuneradas, não aos empregos de baixa remuneração, os chamados trabalhos 'subalternos'. Elas estavam tão mergulhadas em sua própria experiência que até ignoraram o fato de que a vasta maioria das mulheres já estava trabalhando fora de casa em empregos que não só não as libertavam da dependência dos homens, como não lhes garantiam a autossuficiência econômica (...)" (posição 1498).

Além disso, o ingresso das mulheres brancas no mercado de trabalho norte-americano, promovido pelo movimento feminista liberal, fez com que homens e mulheres negras, ainda que qualificados, vissem seus empregos ameaçados por mulheres brancas até menos qualificadas em virtude da força excludente da supremacia branca (HOOKS, 2019).

Essas mudanças acarretaram o aumento da proporção de mulheres no mercado de trabalho, chegando a 50% da força de trabalho em alguns países. Todavia, é importante ressaltar que as mulheres não estão necessariamente substituindo os homens no mercado de trabalho, mas sim, cada vez mais, competindo com estes, o que acarreta uma redução dos níveis de remuneração (SIQUEIRA E BUSSINGUER, 2020).

A mulher negra e o mercado de trabalho brasileiro

No Brasil, a segunda onda do movimento feminista chega um pouco mais tarde em relação ao movimento estadunidense. As pautas das mulheres negras passam a ser debatidas a partir dos anos 80 do século XX e evidenciam, sobretudo, as diferenças entre as reivindicações de mulheres brancas e negras, especialmente no campo das políticas públicas (SIQUEIRA e BUSSINGUER, 2020).

Da mesma forma, os estudos e pesquisas sobre as mulheres e o mercado de trabalho se intensificam a partir dos anos de 1980 — em contexto de elevado nível de desemprego e crise econômica —, destacando principalmente as diferenças salariais e a concentração do trabalho feminino em ocupações ligadas a comércio, serviços e trabalho doméstico, em condições vulneráveis e de baixa exigência de qualificação profissional.

Sob esse aspecto, a intelectual feminista brasileira Sueli Carneiro (2003) ressalta que o movimento das mulheres negras do Brasil ganha protagonismo mundial, tornando-se referência internacional e se afirmando como um divisor de águas em termos de movimentos sociais no Brasil, uma vez que incorporou grande parte de sua agenda à Constituinte de 1988:

> "(...) É também um dos movimentos com melhor performance dentre os movimentos sociais do país. Fato que ilustra a potência deste movimento foram os encaminhamentos da Constituição de 1988, que contemplou cerca de 80% das suas propostas, o que mudou radicalmente o *status* jurídico das mulheres no Brasil. A Constituição de 1988, entre outros feitos, destituiu o pátrio poder (...)" (p. 117).

O processo de acesso da mulher negra ao mercado de trabalho nacional, à semelhança do movimento estadunidense, enfrentou semelhantes contradições em torno das questões das desigualdades raciais, de classe e da fragilidade das propostas universalistas da luta das mulheres, no sentido de considerar apenas as demandas de mulheres brancas e silenciar as reivindicações de mulheres negras (CARNEIRO, 2003).

A especificidade do trabalho negro feminino enfrenta contradições próprias em diferentes aspectos da exploração do trabalho. A *mais-valia*, que constitui a diferença que o capitalista obtém entre o custo do trabalho e o valor do bem por ele produzido (lucro), no caso do trabalho da mulher negra, é exponenciad, muito aumentada, pelo fato de que esta experimenta, de outro lado, uma dupla desvalorização (racial e de gênero) (SANTOS *et al*, 2020).

Aponta Carneiro (2003) que, diante "dessa dupla subvalorização, é válida a afirmação de que o racismo rebaixa o *status* dos gêneros" (p. 119). Daí por que, somente com uma potente mobilidade social, as mulheres negras alcançariam os mesmos níveis de igualdade existentes entre homens e mulheres brancos, considerando que homens negros, na maioria dos indicadores sociais — conforme veremos a seguir —, encontram-se socialmente abaixo das mulheres brancas (CARNEIRO, 2003).

Além disso, é preciso considerar um aspecto da força de trabalho feminina o qual, como já argumentamos, mesmo Marx não considerou, e que Federici aponta: a mulher vivencia a invisibilização do valor econômico do trabalho doméstico e, consequentemente, de como ela contribui para a reprodução da força de trabalho e para o processo de "acumulação primitiva", conforme já expusemos no capítulo Colonialidade. Divisão racial do trabalho. Divisão internacional do trabalho.

Isso ocorre uma vez que o aumento da jornada e da intensidade do trabalho (desenvolvido pela mulher paralelamente ao exercício do trabalho no âmbito doméstico) é uma das maneiras de potencializar a extração da mais-valia (FEDERICI, 2017; SANTOS *et al*, 2020).

Não custa relembrar as palavras de Federici ao explicar que o trabalho doméstico constitui uma parte da jornada de trabalho não remunerada.

Nesse paralelo entre o trabalho doméstico acumulado com o trabalho exercido "fora de casa" pelas mulheres, a professora portuguesa e estudiosa do tema, Maria Luísa Teixeira Alves (2011) traz uma importante distinção quanto ao tempo de trabalho das mulheres despendido para o exercício do trabalho no âmbito doméstico e no âmbito externo.

A professora denomina essa distinção como "fronteira do tempo de trabalho", destacando que é objeto de proteção das normas, inclusive internacionais, uma vez que "representa uma das matérias mais relevantes e controversas, porque condiciona e põe em causa valores essenciais ligados às condições vitais da existência" (p. 166).

Particularmente, no caso do trabalho doméstico, verificamos que essa fronteira não é plenamente observada, à medida que o tempo de trabalho das mulheres (produtivo e reprodutivo), muitas vezes, confunde-se com o tempo de descanso.

Agora trazemos o processo de "acumulação primitiva", promovido pela exploração do trabalho da mulher negra, para o cenário da sociedade brasileira.

A historiadora e ativista negra Beatriz Nascimento (2010) explica como o retrato de uma sociedade escravocrata, colonial e patriarcal moldou a sociabilidade do trabalho da mulher negra. Nascimento denuncia ainda o caráter rígido das divisões sociais, raciais e de gênero que estavam presentes na ordem colonial, mas persistem até os dias de hoje, sob a nova roupagem:

> "(...) Contrariamente à mulher branca, sua correspondente no outro polo, a mulher negra pode ser considerada como uma mulher essencialmente produtora, com um papel semelhante ao do seu homem, isto é, como tendo um papel ativo. Antes de mais nada como escrava, ela é uma trabalhadora, não só nos afazeres da casa grande (atividade que não se limita somente a satisfazer os mimos dos senhores, senhoras e seus filhos mas como produtora de alimentos para a escravaria) como também no campo, nas atividades subsidiárias do corte e do engenho. Por outro lado, além de sua capacidade produtiva, pela sua condição de mulher, e, portanto, mãe em potencial de novos escravos, dava-lhe a função de reprodutora de nova mercadoria para o mercado de mão de obra interno. Isto é, a mulher negra é uma fornecedora de mão de obra em potencial, concorrendo com o tráfico negreiro (...)."

Um breve panorama do trabalho doméstico no mundo. A divisão dentro da divisão sexual do trabalho, hipervulnerabilidade das trabalhadoras domésticas imigrantes

"Invisíveis, elas abrem a cidade."
(VERGÈS, 2019)

Um estudo promovido pela OIT em 117 países no ano de 2013 estimou que existam 67 milhões de trabalhadoras(es) domésticas(os) adultos no mundo, sendo que o Brasil figura como o país no mundo com o maior número de trabalhadores domésticos.

Em 2021, dez anos após a aprovação da Convenção n. 189 Sobre os Trabalhadores e Trabalhadoras do Serviço Doméstico, a OIT publicou o relatório denominado *"Tornar o trabalho digno uma realidade para o trabalho doméstico"*, apresentando um balanço em âmbito global e regional sobre os progressos obtidos com o advento da Convenção.

Em termos de cobertura jurídica — isto é, em que medida os países conferem proteção legal e segurança social a trabalhadoras e trabalhadores domésticos —, o estudo apontou que apenas 6% desses trabalhadores no mundo todo têm acesso a algum tipo de proteção social. Segundo o relatório, 94% dos trabalhadores domésticos não contam com seguro-saúde, licença-médica, seguro-desemprego ou licença-maternidade remunerada, a maioria é contratada de maneira informal e as mulheres representam 76,2% (57,7 milhões de pessoas) desse quantitativo (OIT, 2021).

Chama a atenção no mencionado relatório a disparidade entre regiões. Enquanto na Europa e na Ásia Central 57,3% dos domésticos contam com alguma proteção legal e benefícios sociais, nas Américas, esse percentual cai para 10% e, nos países árabes e na Ásia, praticamente inexiste qualquer proteção legal a esses trabalhadores.

A situação das trabalhadoras imigrantes, sobretudo daquelas oriundas do Sul global que chegam aos países do hemisfério Norte, é ainda mais extrema em termos de precariedade.

Em razão do crescente número de mulheres das sociedades do Norte investindo na carreira profissional, ocorre o fenômeno da "externalização do trabalho doméstico"; que significa que estas mulheres recorrem à enorme reserva de outras mulheres trabalhadoras que imigram com expectativa de melhorar as condições de vida e, para isso, recorrem aos trabalhos domésticos (HIRATA e KERGOAT, 2007).

Essas trabalhadoras imigrantes, muitas com formação universitária, entram em concorrência direta com outras trabalhadoras imigrantes também em situação precária e) com baixo nível de escolaridade (HIRATA e KERGOAT, 2007).

A externalização do trabalho doméstico promove, assim, a partir de uma relação de classe, uma nova divisão dentro da divisão sexual do trabalho.

Esse fenômeno cria uma situação ambivalente ou contraditória: ao mesmo tempo em que, de um lado, mais mulheres ascendem profissionalmente nas suas carreiras, de outro, há um aumento do número de mulheres em situação precária (HIRATA e KERGOAT, 2007).

O surgimento do trabalho doméstico no Brasil. Dos dados estatísticos ao empirismo(29): Revelando as colonialidades que atravessam as Trabalhadoras brasileiras

"A negrura da minha pele prevalece sobre o breu do porão do navio. O nome cristão que me deram, os trapos com que me vestiram não cobrem minha memória:

Eu sou uma mulher negra. Eu sou a mãe do mundo."

(Rosilene Nascimento)

Como já vimos, as desigualdades sociais que marcam a formação do mercado de trabalho brasileiro possuem relação estrutural com a colonialidade do poder e a interseccionalidade de raça, classe e gênero (BERNARDINO-COSTA, 2014; VIEIRA, 2017).

Vimos também no capítulo que trata da *colonialidade do poder*, principalmente no pós-abolição, como essa colonialidade moldou os papéis sociais de pessoas negras, brancas e indígenas, estabelecendo, no campo das relações de trabalho, uma rígida sociabilidade baseada na hierarquia racial e de gênero.

Nesse sistema marcado por baixa mobilidade social, a formação do mercado livre de trabalho privilegiou imigrantes europeus recém-chegados e pessoas brancas, em detrimento dos homens e mulheres negros que ficaram

(29) Empirismo é uma doutrina segundo a qual todo conhecimento provém unicamente da experiência, limitando-se ao que pode ser captado do mundo externo, pelos sentidos, ou do mundo subjetivo, pela introspecção. Confira em *Dicionário Houaiss da Língua Portuguesa*. 2. ed. Rio de Janeiro: Objetiva, 2001. p. 1.126.

relegados a posições subalternas, sendo as mulheres negras destinadas, sobretudo, ao trabalho doméstico (BERNARDINO-COSTA, 2014).

O entrecruzamento das identidades subalternizadas pelos marcadores de raça e gênero confere um caráter dinâmico a essa nova sociabilidade constituída no mercado de trabalho.

Esse fenômeno provoca opressão e desempoderamento das pessoas negras em geral, acentuando-se com as mulheres negras, em particular, ao revelar como a dimensão negativa da interseccionalidade opera para reproduzir desigualdades (BERNARDINO-COSTA, 2014; CRENSHAW, 1989).

A intersecção de exclusões sociais relacionadas ao acesso da população negra no mercado de trabalho foi historicamente potencializada por uma política de branqueamento da população brasileira.

Essa política liga-se fortemente ao falso mito da democracia racial — sobre o qual já falamos na introdução —, inclusive pela instituição de normas e leis, de maneira a promover um processo de desvantagens estruturais em face da população negra em geral e em face das mulheres negras, em particular (CARNEIRO, 2003).

Com a promulgação da Lei de Terras de 1850, por exemplo, pessoas ex-escravizadas foram legalmente impedidas de adquirirem, pela posse, a propriedade da terra e, com isso, de explorarem o trabalho que nela já exerciam na condição de escravizados[30] (VIEIRA, 2017).

A lei de locação de serviços de 1879[31], por sua vez, foi a primeira a regulamentar o trabalho livre rural e nitidamente privilegiou os fazendeiros contratantes em detrimento dos trabalhadores negros ex-escravizados, expondo esse grupo a uma posição marginal (JACINO, 2019; VIEIRA, 2017).

No caso específico do ingresso da mulher negra no mercado de trabalho, esse processo transcorreu permeado por uma ideologia fundada na desigualdade de gênero e raça, em que a desvalorização do trabalho feminino e a naturalização de sua vinculação às atividades reprodutivas (de afazeres

(30) Lei n. 601 de 18 de setembro de 1850 – Art. 1º Ficam prohibidas (*sic*) as acquisições (*sic*) de terras devolutas por outro título que não seja o de compra.

(31) Confira Decreto n. 2.827, de 15 de março de 1879.

domésticos e de cuidados) foram a tônica da construção do papel social da mulher no mercado de trabalho (VIEIRA, 2017).

A coisificação — ato de considerar a pessoa como coisa — da mulher negra verificada durante o Período Colonial seguiu em continuidade, adaptando-se perfeitamente ao modelo capitalista, enquanto a exploração econômica de seu corpo foi incrementada pela exploração de sua força de trabalho.

Esse processo passou a ser determinante na constituição do lugar da mulher negra no mercado de trabalho, confinando-a a funções subalternizadas, de baixos salários e marcadas por extrema precariedade (VIEIRA, 2017).

Em 2018, de acordo com a PNAD-Contínua, o Brasil apresentava um total de 6,2 milhões de trabalhadores domésticos entre homens e mulheres. Desse quantitativo, 5,7 milhões eram mulheres trabalhadoras domésticas — 14,6 % das mulheres ocupadas no mercado de trabalho (PNADC/IBGE, 2019).

Esse mesmo estudo mostra que, dentre o universo de 6,2 milhões de trabalhadoras e trabalhadores domésticos, mais de 4 milhões eram pessoas negras — destas, 3,9 milhões eram mulheres negras. Isso significa que 63% do total da força de trabalho doméstico no Brasil é constituído por mulheres negras (PNADC/IBGE, 2019).

Levantamento realizado pelo DIEESE (2023) revela que entre o 4º trimestre de 2019 e o 4º trimestre de 2022, a ocupação no trabalho doméstico caiu de 6,2 milhões para 5,7 milhões. De acordo com o estudo, mulheres representaram 92% das ocupações no trabalho doméstico, das quais 65% eram mulheres negras.

Vê-se, portanto, que, no caso da realidade brasileira, na prática, o discurso feminista universalizante de que "as mulheres podem estar onde quiserem" não se aplica às mulheres negras, a quem quase que inescapavelmente são destinados os trabalhos subalternizados, precários e superexplorados (PINHEIRO *et al*, 2019).

Segundo Proni e Gomes (2015), considera-se *ocupação precária* quando sua inserção no mercado de trabalho não está protegida pelas normas vigentes

— tal como os casos de subemprego, informalidade e desproteção social —, os rendimentos não atendem o mínimo para subsistência e há grande incerteza quanto à continuidade da atividade. O trabalho doméstico desempenhado pelas mulheres negras, como evidenciam os dados estatísticos, reveste-se de todas essas características.

Além disso, é importante destacar os impactos decorrentes da pandemia da Covid-19, a qual afetou de forma diferenciada o conjunto das mulheres trabalhadoras, mas impactou de maneira específica as trabalhadoras domésticas, aprofundando sua vulnerabilidade tanto em razão do tipo de trabalho realizado, quanto em razão da falta de proteção social em relação a direitos trabalhistas e previdenciários (TOKARSKI e PINHEIRO, 2021).

Dez anos após a promulgação da EC n. 72, de 2 de abril de 2013 (conhecida como PEC das domésticas), outro levantamento realizado pelo Instituto Brasileiro de Geografia e Estatística (IBGE) apontou que o número de empregadas domésticas diminuiu, enquanto houve um aumento da atuação das diaristas, sem carteira assinada e sem a proteção legal mínima assegurada pela legislação (PNADC/IBGE, 2023).

Quando se trata de rendimentos, o estudo "Síntese de Indicadores Sociais/IBGE" (2021) revelou que mulheres recebem um rendimento de cerca de 78% dos homens. Com relação às pessoas pretas e pardas, estas auferem um rendimento de cerca 57% em relação às pessoas brancas.

Ou seja, no Brasil, constata-se que pessoas negras recebem, em média, um rendimento de pouco mais que a metade do rendimento de pessoas brancas (IBGE, 2021).

A despeito do rigor metodológico e da consistência de dados revelados pelo referido estudo, verificamos uma limitação importante na metodologia de recolhimento dos dados: o levantamento restringiu-se a colher os dados a partir dos indicadores isolados do gênero e da raça sem, contudo, realizar um cruzamento dessas categorias.

Como já argumentamos, na sociedade brasileira, pessoas brancas e negras estão sujeitas a diferentes formas de opressão e exclusão, e essa desigualdade se acentua quando consideramos o recorte de gênero.

Desse modo, entendemos que seria pertinente a elaboração de um indicador que interseccionasse as categorias de gênero e raça, pois isso adensaria, aprofundaria o estudo, proporcionando um refinamento do mapeamento das desigualdades, uma vez que "a situação das mulheres negras se torna crítica porque aglutina as desvantagens associadas às desigualdades de gênero e de raça" (FEIJÓ, 2022).

Apesar dos avanços experimentados pelas trabalhadoras domésticas nas últimas décadas, tanto por força dos movimentos feministas, quanto por força da conquista de direitos decorrentes das lutas sociais, ainda subsistem profundas dificuldades de inserção dessas trabalhadoras no mercado de trabalho. Esse paradoxo reflete o quão distante ainda está no horizonte a proteção jurídica plena dessa categoria (CARNEIRO, 2003; BIAVASCHI, 2014).

O ponto que parece central na agenda feminista, quando se trata da questão da mulher ante o mercado de trabalho e que concretamente teria potencial de alcançar o interesse da grande massa de mulheres (brancas e não brancas), é a luta contra a exploração econômica feminina.

Esse esforço coletivo de pensar tal problema modificaria os termos do debate no sentido de instrumentalizar, de dar condições concretas ao movimento feminista, de modo que ele não mais servisse aos interesses de classe de um grupo específico (HOOKS, 2019).

Relatos de experiências de mulheres trabalhadoras

Relato de Val

Val; Valdicleia Rodrigues dos Santos, 39 anos, trabalha desde os 17 anos em várias atividades. Foi "mangueadora de praia"; quem vende coisas na praia. Reconheceu sua profissão através de vender coisas para os turistas, com isso passou a fazer tranças na praia.

Por ser negra, reconheceu que tinha o fazer tranças como uma profissão e assim vem fazendo até hoje. É mãe solteira, com 4 filhas mulheres, todas estudam. Nasceu em Porto Seguro e não estudou pois morava na roça. Sabe ler e escrever um pouquinho, trabalhou na roça no cacau, junto com sua mãe e outras mulheres da família. Recebe auxílio do governo, mas sustenta sozinha a casa, que é própria, que ganhou do governo e com o trabalho conseguiu comprar um terreno na praia. As filhas só estudam. Mesmo estando na Bahia, já passou por episódios de racismo em lojas, restaurantes, relata que teve gente que duvidava de que tinha dinheiro para pagar (Arraial da Ajuda-BA, 13 de março de 2024).

Val trançando meus cabelos.

Relato de Ada

Ada; Adulina Leocádia Kohn, 45 anos, o sobrenome tem origem alemã, mas desconhece se tem parentes que imigraram da Alemanha para o Brasil. Define-se como uma mulher branca. Nasceu em Francisco Beltrão-PR e é trabalhadora doméstica. Tem dois empregos, às vezes até três, em residências e em um deles, além das tarefas da casa cuida de uma criança de 7 anos. Sente que recebe uma justa remuneração pelos seus trabalhos. Antes trabalhava na roça de milho e feijão, com a família. Estudou até o sétimo ano, época em que também já trabalhava como trabalhadora doméstica. Tem dois filhos homens. O mais novo de 14 anos estuda. O mais velho, de 19 anos, apenas trabalha e concluiu até o 9º ano. Que sustenta sozinha a casa e os filhos, pois o pai não contribui. Não tem casa própria, paga aluguel. Não recebe nenhum benefício do governo. Recebeu Bolsa Família quando trabalhava como diarista, sem registro. Sente que é melhor trabalhar com a carteira assinada, mas apenas uma de suas empregadoras registrou seu contrato. O outro paga o 13º e férias "por fora".Que como mulher sofreu ofensas verbais do ex-marido dizendo que "ela nunca foi nada na vida", se sentia desqualificada" (Francisco Beltrão-PR, 26 de março de 2024).

Adulina Leocádia Kohn

Uma comparação empírica das características das condições de vida e de trabalho relatadas

Poderia iniciar essa análise empírica (confira sobre empirismo na nota 29), utilizando o termo *"storytelling"*, que está muito em voga — ou como se diz: "na moda" —, mas ele me soa muito neoliberal, então vou dizer simplesmente que são "breves histórias de vida narradas".

Val e Ada apresentam, em uma primeira análise, algumas características muito semelhantes: ambas são mulheres; trabalharam na roça desde cedo com a família; não estudaram, ou não completaram os estudos em razão da necessidade de trabalhar; ambas são mãe solo; criam e sustentam os filhos sozinhas, sendo que Ada cuida também de uma criança da família para a qual trabalha.

Ambas recebem ou receberam algum tipo de auxílio ou benefício do poder público. Enquanto Val obteve sua casa própria "do governo"; Ada, que não possui casa própria e paga aluguel, recebeu o benefício do Bolsa Família enquanto trabalhava "sem registro".

Notem, portanto, como a necessidade de trabalhar "desde cedo" — inclusive na provável situação de trabalho infantil —, impediu tanto Val como Ada de estudarem e com isso, impediu também a oportunidade de uma melhor condição de acesso ao mercado de trabalho, de um trabalho decente[(32)].

Vejam ainda a importância da ação do Estado ao criar políticas públicas específicas destinadas às pessoas vulnerabilizadas e/ou em situação de trabalho precário.

---

(32) Trabalho decente é aquele adequadamente remunerado, exercido em liberdade, equidade e segurança e capaz de garantir vida digna. Conceito de IPEA (Disponível em: https://www.ipea.gov.br/desafios/index.phpoption=com_content&viw=article&id=802%3Acatid%3D28. Acesso em: 2 jun. 2024). O trabalho decente também está entre objetivos de desenvolvimento sustentável (ODS 8), da Agenda 2023/ONU.

Agora vamos adotar uma análise interseccional das experiências de Val e Ada.

Ada reconhece-se como uma mulher branca, vive em uma região em que predomina imigrantes europeus e que, portanto, há um forte contexto de branquitude.

Mesmo com o privilégio da branquitude, Ada sofreu violência em razão do machismo de seu ex-companheiro, que a desvalorizava. O fato de ser branca, por si só, não a protegeu nem a protege da opressão de gênero.

Val, por ser uma mulher negra, acumula mais dois fatores de opressão: gênero e raça.

Em razão deste último, relata ter sofrido "*episódios de racismo em lojas, restaurantes*", mesmo diante do fato de ter nascido e viver em uma região do país, cuja maioria das pessoas é de origem africana. Aliás, pelo relato de Val: "*teve gente que duvidava de que tinha dinheiro para pagar*", podemos adicionar mais um marcador de opressão: a classe; que se combina aos outros dois para produzir um efeito cumulado de múltiplas opressões.

Ada, por ser trabalhadora doméstica, embora não tenha relatado, muito provavelmente sofra discriminação de classe também, que se combina com a de gênero.

De todo modo, dessa breve análise, ao ser comparada com os dados estatísticos citados acima, podemos afirmar que no universo de 5,7 milhões de trabalhadoras domésticas, mulheres representaram 92% dessas ocupações e dentro desse universo 65% são mulheres negras.

Ada está entre os 35% de trabalhadoras domésticas brasileiras.

Val, sequer está inserida no mercado de trabalho formal, não contando com qualquer proteção legal ou social e em absoluta condição de trabalho precário.

Reforçando, portanto, o argumento apresentado no capítulo anterior; na sociedade brasileira, pessoas brancas e negras estão sujeitas a diferentes formas de opressão e exclusão, e essa desigualdade se acentua quando consideramos o recorte de gênero.

Decolonizando o Direito do Trabalho brasileiro. Em busca de caminhos para a produção de saberes localizados. Queremos justiça social e epistêmica!

Criada uma certa intimidade com o conceito que envolve o ato de *decolonizar*, recordemos agora o argumento apresentado no capítulo "O Direito do Trabalho brasileiro e seus pressupostos eurocêntricos". Qual seja: de que o sujeito epistêmico do Direito do Trabalho — tanto em sua dimensão de produtor das normas justrabalhistas, quanto na dimensão de destinatário dessas mesmas nornas — é branco, masculino, heterocisnormativo e tem origem e classe determinadas (PEREIRA e BERSANI, 2020).

Além disso, no capítulo "Colonialidade em suas diferentes versões" descompactamos as camadas da colonialidade para expor suas diversas manifestações nas dimensões do ser e do gênero sobre trabalhadoras(es) racializadas(os) e generizadas(os)(33) (LUGONES, 2014; QUIJANO, 2005).

Apontamos ainda como esse sistema legitima relações de dominação e exploração e viabiliza uma estrutura de "controle do trabalho de seus recursos e de seus produtos" (QUIJANO, 2005) e, por meio da colonialidade do gênero, potencializada pela ordem patriarcal e pelo sistema capitalista, aprofunda a exploração dos corpos femininos para além dos aspectos sexuais ao tempo em que desvaloriza de maneira abissal o trabalho da mulher (CARNEIRO, 2003; FEDERICI, 2017; GONZALEZ, 2020; LUGONES, 2014).

Não por acaso, Ballestrin enfatiza que para Quijano: *"raça, gênero e trabalho foram as três linhas principais de classificação que constituíram a formação do capitalismo mundial colonial/moderno"* e aponta que no âmbito dessas *"três instâncias que as relações de exploração/dominação/conflito estão ordenadas"* (BALLESTRIN, 2013 p. 101).

---

(33) Por generizar, entende-se a qualidade de se atribuir um gênero à pessoa. No padrão hetero-normativo — já criticado por nós — temos como base os gêneros masculino e feminino.

Nesse sentido, se é verdade que nem toda relação de exploração e opressão funda-se na colonialidade — por exemplo: as opressões decorrentes do sistema patriarcal, simplesmente —, a recíproca não é verdadeira, ou seja: é possível afirmar que a colonialidade invariavelmente envolve opressão, exploração e dominação de um sujeito ou grupo por outro (BALLESTRIN, 2013).

A essa altura, pois, assentamos as premissas de que:

i) as relações de trabalho são relações de poder e, portanto, no contexto das relações laborais, em grande medida sofrem influência da colonialidade do poder;

ii) a perspectiva teórica e prática prevalentes no Direito do Trabalho brasileiro são, de forma predominante, derivadas de um modelo de pensamento jurídico eurocêntrico;

iii) o sistema jurídico-trabalhista brasileiro, em relação a determinadas(os) trabalhadoras(es); de um lado absorve, oculta e naturaliza discriminações nas dimensões de raça e gênero. De outro lado; protege no âmbito da relação de emprego, determinados sujeitos privilegiados em termos de raça, gênero, classe social e origem;

iv) portanto, a norma jurídica laboral brasileira é predominantemente branca, masculina, heterocisnormativa e tem classe e origem determinadas.

Afirmamos, então, que o Direito do Trabalho pode servir — e de fato serve, em relação a determinadas categorias de pessoas —, como um eficiente instrumento institucional de manutenção do racismo, do sexismo e do classismo dentro das relações laborais.

Questionamos, portanto, em relação ao Direito do Trabalho Brasileiro:

i) como incluir o feminino subalterno no sujeito epistêmico da norma trabalhista?;

ii) como ampliar a categoria jurídica "trabalhadoras(es)" de modo que esta alcance protetivamente aquelas(es) sujeitas(os) subalternizadas(os), racializadas(os), superexploradas(os) em razão de sua condição de raça e/ou gênero?

Produzir saberes localizados para colher um pouco mais de justiça social e epistêmica

Podemos encontrar algumas respostas a essas questões.

Como já argumentamos linhas atrás, optamos pelo termo decolonial ao invés e "descolonial"; como uma posição teórica, prática, política e epistêmica que se contrapõe à lógica da colonialidade, não para negá-la, mas para transcendê-la a partir da perspectiva da subalternidade colonial, de cujo pensamento foi negado pela colonialidade (BALLESTRIN, 2013).

Nesse sentido, o pensar decolonial busca aprofundar a compreensão de que o processo de colonização não se circunscreveu, ou se circunscreve aos âmbitos econômico e político, mas sim penetrou e penetra profundamente na existência dos povos colonizados mesmo após o fim do "colonialismo" (PASSOS, SANTOS e ESPINOZA, 2020).

Adicionamos à referida proposta teórica ora adotada mais três pressupostos epistemológicos que são aqueles oferecidos pelo: feminismo jurídico decolonial; pela abordagem interseccional e pela hermenêutica negra, agora por nós qualificada como hermenêutica negra feminista (AKOTIRENE, 2019; CRENSHAW, 1989; MOREIRA, 2023; PASSOS, SANTOS e ESPINOZA, 2020; VERGÈS, 2020; WEGSMAN e LERUSSI, 2020).

Isso porque, tanto o caráter disruptivo[34] quanto o transversal dessas vertentes de pensamento oferecem a possibilidade de situar nossa provocação dentro dos movimentos emancipatórios contemporâneos.

Em outras palavras, apostamos em um exercício crítico-criativo que seja capaz de transcender os modelos estabelecidos no campo do conjunto de

(34) Por disruptivo, entenda-se aquilo que tem a capacidade de romper ou alterar um processo ou ideia, de modo a oferecer uma nova proposta sobre tal processo ou ideia.

normas, da hermenêutica e das práticas hegemônicas do Direito do Trabalho e, com isso, buscar soluções alternativas e mais libertadoras (BERNARDINO--COSTA, 2014; WEGSMAN e LERUSSI, 2020; WOLKMER, 2017).

Pretendemos aqui inscrever nosso *locus* de enunciação (conceito explicado na nota n. 5), tanto na prática acadêmica, quanto na prática da operação e interpretação do Direito do Trabalho de modo a atuar concretamente na relação entre teoria e prática.

Os três pressupostos de produção de conhecimento citados acima, se bem manejados, em nosso sentir, têm o potencial de ser mobilizados no campo da interpretação e da aplicação do Direito do Trabalho.

Esse potencial, aliás, serve tanto para enfatizar a dimensão negativa da interseccionalidade — a opressão e o desempoderamento —; mas, principalmente, para lançar luz à sua dimensão positiva.

Ou seja, como ensina Crenshaw; para pensar a emancipação e a mobilização política daquela categoria de trabalhadoras/es que não estão inscritos no campo da normatividade e cuja exclusão da esfera protetiva do direito laboral tradicional foi naturalizada (BERNARDINO-COSTA, 2014; CRENSHAW, 1989; PASSOS, SANTOS e ESPINOZA,2020).

Pensando a partir do eixo do racismo, por exemplo; a distinção entre os conceitos de racismo estrutural e racismo institucional desenvolvida pelo filósofo e professor Sílvio Almeida é muito pertinente.

O professor nos ensina como compreendemos que o Direito e as instituições de Justiça abrigam, naturalizam e reproduzem as discriminações raciais e de gênero, e como esse fenômeno é apoiado em uma ordem social, cujo padrão de funcionamento legitima e reforça essas desigualdades[(35)] (ALMEIDA, 2019).

De acordo com Almeida (2019), o racismo institucional transcende a ordem comportamental individual. Ele resulta da dinâmica das instituições — Estado, Poderes constituídos, mercado etc. — que promovem direta ou

---

(35) Para saber mais sobre as diferentes concepções do racismo em suas dimensões individualista, institucional e estrutural, confira a rigorosa análise de Sílvio Almeida em sua obra *"Racismo Estrutural"*, referenciada em nossa bibliografia.

indiretamente privilégios, vantagens ou desvantagens em função da raça (e/ou gênero) — tornando natural a prevalência das vantagens em torno de determinados grupos; predominantemente compostos por homens brancos.

O racismo estrutural, por sua vez, pelo que depreendemos da obra do mesmo autor, funciona como um espelho do racismo institucional.

Isto é, a ordem social, dada sua formação inerentemente racista e, em razão de seu caráter estruturante das instituições, reflete e reproduz nessas instituições mesmas as diversas formas de discriminação, em especial a desigualdade racial (ALMEIDA, 2019).

Assim é que iniciativas como a elaboração pelo Conselho Nacional de Justiça (CNJ) do Pacto da Equidade Racial no Poder Judiciário(36) são de extrema relevância e urgência para conferir letramento racial ao corpo da Justiça brasileira de modo que este opere de maneira efetivamente antirracista.

Também é salutar, embora ainda muito insuficiente, a iniciativa de instituição de política de cotas raciais(37) em concursos para magistrados, de modo a enegrecer o Poder Judiciário, tornando-o mais representativo e consentâneo com o perfil étnico-racial da sociedade brasileira.

---

(36) O referido Pacto institucionalizou o debate racial no Poder Judiciário brasileiro. Por meio de um qualificado e representativo grupo de trabalho, elaborou no ano de 2020 estudos que resultaram na proposição de políticas públicas judiciárias que podem/devem ser empreendidas em todos os segmentos da Justiça brasileira em todos os seus graus de jurisdição, com vistas a eliminar as desigualdades raciais. Nesse sentido, confira o estudo produzido e compilado no documento intitulado "Relatório de atividade Igualdade Racial no Judiciário". Disponível em: cnj.jus.br/wp-content/uploads/2020/10/Relatorio_Igualdade-Racial_2020-10-02_v3-2.pdf. O Tribunal Regional do Trabalho da 15ª Região, do qual faço parte na condição de magistrada, aderiu ao referido Pacto, assim como todos os demais tribunais de todos os ramos do Poder Judiciário, conforme consultado no *site* do CNJ, disponível em: https://www.cnj.jus.br/programas-e-acoes/direitos-humanos/pacto-nacional-do-judiciario-pela-equidade-racial/adesao-dos-tribunais/. Acesso em: 9 jun. 2024.

(37) A ação afirmativa que instituiu 20% de cotas destinadas às pessoas negras nos concursos para a magistratura foi estabelecida pela Resolução do CNJ n. 203/2015 e complementada pela Resolução n. 457/2022. A despeito da louvável iniciativa, a referida política ainda é deficitária para corrigir a desigualdade racial nos quadros da magistratura, como mostrou um levantamento realizado pelo próprio CNJ em 2020, o qual aponta que a equidade racial na magistratura brasileira só será alcançada no ano de 2044. Destaque-se que essa projeção já se alterou para mais anos à frente, conforme dados do "Diagnóstico Étnico-Racial" elaborado pelo CNJ em 2023, disponível em: https://www.cnj.jus.br/wp-content/uploads/2023/09/diagnostico-etnico-racial-do-poder-judiciario.pdf. Acesso em: 31 mar. 2024.

No eixo do gênero, é importante mencionar ainda a implementação por parte do CNJ do *Protocolo para Julgamento com Perspectiva de Gênero*, por meio da Resolução n. 492/2023[(38)]. Esse protocolo estabelece a obrigatoriedade de que os tribunais brasileiros em suas decisões e na adoção de suas diretrizes institucionais promovam o direito à igualdade e à não discriminação, interrompendo a reprodução de estereótipos e de preconceitos em razão de gênero.

Importante mencionar também a recente proposta do CNJ no sentido de incluir a categoria da raça para julgamentos com essa perspectiva[(39)].

Sem dúvida que essas políticas judiciárias aplicadas, inclusive de forma transversal e interseccional, em conjunto com a perspectiva epistemológica contra-hegemônica que aqui propomos, abrem caminhos concretos para a produção de uma justiça social e de um Direito do Trabalho mais conectados com a realidade brasileira e efetivamente emancipatórios.

Obviamente que tudo isso constitui uma tarefa extremamente complexa que certamente não tem a pretensão de caber neste livro.

Nosso anseio é no sentido de abrir um debate tão caro quanto urgente em torno, principalmente, das desigualdades raciais e de gênero, tanto no campo das relações de trabalho contemporâneas, quanto no próprio âmbito das instituições que circunscrevem a esfera do Direito do Trabalho (Academia, Justiça, Advocacia etc.).

É preciso reconhecer que mesmo com essas clivagens, necessitamos do Direito do Trabalho brasileiro, ainda que em seus termos atuai; dada sua função reguladora contra a barbárie nas relações de trabalho.

---

(38) Estabelece, para adoção de Perspectiva de Gênero nos julgamentos em todo o Poder Judiciário, as diretrizes do protocolo aprovado pelo Grupo de Trabalho constituído pela Portaria CNJ n. 27/2021, institui obrigatoriedade de capacitação de magistrados e magistradas, relacionada a direitos humanos, gênero, raça e etnia, em perspectiva interseccional, e cria o Comitê de Acompanhamento e Capacitação sobre Julgamento com Perspectiva de Gênero no Poder Judiciário e o Comitê de Incentivo à Participação Institucional Feminina no Poder Judiciário, disponível em: https://atos.cnj.jus.br/files/original1444142023032064187 13e177b3.pdf. Acesso em: 10 jul. 2023.

(39) Para saber mais sobre os estudos que vêm sendo desenvolvidos para implementação do Protocolo de Julgamento com perspectiva de raça, consultar: https://www.cnj.jus.br/propostas-para-julgamento-com-perspectiva-racial-serao-aceitas-ate-dia-5-5/. Acesso em: 9 jun. 2024.

Apostamos, porém em um novo horizonte emancipatório; para resguardar e ampliar o chamado patamar civilizatório mínimo (DELGADO, 2017), especialmente no contexto da necropolítica[40] e do capitalismo neoliberal contemporâneo (MBEMBE, 2017; PEREIRA e BERSANI, 2020).

Por isso, apostamos em alguns caminhos. Um deles é a possibilidade de os(as) profissionais das diversas instâncias do Direito do Trabalho, em uma viragem epistêmica (GROSFOGUEL, 2008), pautarem suas atuações a partir de uma análise interseccional e decolonial das questões laborais que lhe são postas, buscando identificar as diversas formas de opressão e exclusão que são ocultadas pela perspectiva imposta pela colonialidade do saber, que ainda assegura lugares privilegiados a determinados sujeitos no contexto das relações de emprego. Em outros termos, entendemos ser urgente e necessário decolonizar e despatriarcalizar o Direito do Trabalho, relocalizando seu sujeito epistêmico desde o lugar da subalternidade (ANDRADE E D'ANGELO, 2016; FEDERICI, 2017; LUGONES, 2014; PEREIRA e BERSANI, 2020; QUIJANO, 2005; SANTOS, 2020).

(40) Necropolítica é um conceito desenvolvido pelo filósofo e teórico acadêmico camaronês, Achille Mbembe, que, em suma, explica como um determinado poder social e político pode estabelecer, por meio de suas instituições, como algumas pessoas ou grupos podem viver e outras pessoas ou grupos podem morrer, promovendo uma distribuição desigual de oportunidades. Para saber mais, consultar a obra constante das nossas referências bibliográficas.

Conclusões

Conforme expusemos na introdução, este trabalho teve caráter exploratório, com o objetivo de promover reflexões acerca da relação entre a colonialidade do poder e as normas que regulam as as relações de trabalho, bem como da interpretação e aplicação do Direito do Trabalho brasileiro, com ênfase nas relações de subalternidades, notadamente, as subalternidades fundadas nas dimensões de raça e gênero e seus desdobramentos na divisão racial e sexual do trabalho.

O conceito de colonialidade do poder, bem como suas dimensões do ser, do saber e do gênero foram aprofundados à luz da perspectiva decolonial e inteserseccional, com fundamento crítico nos referenciais teóricos decoloniais, sobretudo aqueles oriundos do chamado Sul global, com as contribuições teóricas da interseccionalidade, do feminismo jurídico, da teoria crítica do Direito e da hermenêutica negra feminista.

Apresentamos as premissas e as fundamentamos no sentido de que as relações de trabalho se configuram como relações de poder e de que o conjunto das normas jurídicas laborais brasileiras, em larga medida, incorpora o modelo eurocêntrico.

Evidenciamos ainda como o Direito do Trabalho, da forma tradicionalmente compreendida, pode recorçar o racismo e o sexismo nas relações laborais e também nas instituições que compõem o campo de atuação nesse ramo do Direito — incluindo aí a doutrina, a jurisprudência e a atuação jurisdicional, advocacia, movimentos sindicais etc.

Desse modo, colocamos em questão a perspectiva do senso comum justrabalhista de que a sociedade brasileira experimentou uma sequência histórica linear da transição do trabalho escravo, e/ou servil para o trabalho livre/subordinado.

Nesse contexto, portanto, demonstramos como todo o conjunto jurídico do direito do trabalho absorve, oculta e naturaliza discriminações, notadamente nas dimensões de raça e gênero, em relação a determinadas categorias de trabalhadoras e trabalhadores.

Apontamos ainda como essa arquitetura normativa ignora as sujeições interseccionais nas relações de trabalho contemporâneas, incorporando como sujeito epistêmico (produtor do conhecimento) o homem branco, cisheteronormativo e de determinada classe social.

Nesse sentido, refletimos também sobre a (des)continuidade da colonialidade no mundo do trabalho brasileiro contemporâneo, investigando os modos pelos quais esse fenômeno se concretiza e os possíveis caminhos epistemológicos, éticos, políticos e jurídicos capazes de produzir saberes emancipatórios e uma interpretação e aplicação do Direito, capazes de ampliar o alcance protetivo da justiça social, em especial a justiça laboral.

A ideia central da presente investigação teve como um dos pontos culminantes o capítulo em que realizamos a análise do fenômeno do acesso da mulher no mercado de trabalho e, em particular; a mulher negra, expondo as complexidades desse fenômeno.

Analisamos brevemente as histórias de vida narradas por trabalhadoras, que trouxeram concretude aos dados estatísticos apresentados e exemplificaram como é possível aplicar a ferramenta teórica da interseccionalidade na prática, aliada a outras propostas teórico-metodológicas. Dessa forma, fomos capazes de descortinar vulnerabilidades e produzir saberes, práticas e, principalmente, a aplicação da norma jurídica trabalhista de forma igualitária. Ou seja, de modo que promova efetivamente a distribuição de oportunidades e a emancipação das pessoas e/ou grupos subalternizados.

Nesse sentido, apresentamos um balanço das políticas judiciárias que vêm sendo aplicadas no âmbito do Poder Judiciário brasileiro e como essas políticas vêm avançando.

Propusemos, ainda, a partir de uma perspectiva epistemológica contra-hegemônica, sua aplicação e ampliação de forma transversal e interseccional, além da adoção de uma hermenêutica (interpretação) negra feminista, como um dos caminhos possíveis para a produção de uma justiça social e de um Direito do Trabalho mais conectados com a realidade brasileira e concretamente emancipatórios, principalmente para as mulheres negras que se encontram na base da pirâmide social brasileira.

Em arremate, temos consciência da extrema complexidade e do desafio que envolve o projeto de decolonizar e despatriarcalizar o Direito do Trabalho. Sabemos também que o que para muitos pode ser uma utopia, para nós é um horizonte possível, se utilizarmos as ferramentas e os métodos certos.

A urgência de combatermos de maneira estratégica as desigualdades raciais e de gênero no campo das relações de trabalho contemporâneas e no próprio âmbito das instituições que circunscrevem a esfera do Direito do Trabalho (Academia, Justiça, Advocacia etc.) é uma necessidade que se impõe, sobretudo no contexto da necropolítica e do capitalismo neoliberal contemporâneo.

Fontes e Referências Bibliográficas

ALMEIDA, S. "Racismo Estrutural", Feminismos Plurais. Coordenação de Djamila Ribeiro – Sueli Carneiro. São Paulo: Pólen, 2019.

ANDRADE, E. G. L.; D'ANGELO, I. B. M. "Direito do Trabalho e Teoria Social Crítica: um diálogo indispensável entre este campo do direito e os demais saberes sociais". *Revista Brasileira de Sociologia do Direito*, v. 3, n. 1, 2016.

ANZALDÚA, G. "Falando em línguas: uma carta para as mulheres escritoras do Terceiro Mundo". Tradução de Édina de Marco. *Revista Estudos Feministas*, v. 8, n. 1, p. 229-236, 2000. Disponível em: https://periodicos.ufsc.br/index.php/ref/article/view/9880/9106. Acesso em: 26 abr. 2023.

AKOTIRENE, C. "Interseccionalidade", Feminismos Plurais. Coordenação de Djamila Ribeiro – Sueli Carneiro. São Paulo: Pólen, 2019.

BALLESTRIN, L. "América Latina e o giro decolonial". *Revista Brasileira de Ciência Política*, n. 11. Brasília, p. 89-117, 2013.

BARROS, A. M. *Curso de Direito do Trabalho*. 3. ed. São Paulo: LTr, 2007.

BBC News Brasil. "A desconhecida 'rede de sorrisos' entre mulheres negras", 2023. Disponível em https://www.bbc.com/portuguese/geral-64335991. Acesso em 23 maio 2023.

BERNARDINO-COSTA, J. "Decolonialidade e Interseccionalidade emancipadora: a organização política das trabalhadoras domésticas no Brasil". *Revista Sociedade e Estado*, vol. 30, n. 1, Brasília, 2014. Disponível em: https://www.scielo.br/j/se/a/tjznDrswW4TprwsKy8gHzLQ/?format=pdf&lang=ptSEv30n1.indb. Acesso em: 23 maio 2023.

______; GROSFOGUEL, R. "Decolonialidade e perspectiva negra". *Revista Sociedade e Estado*, vol. 31, n.1, p. 15–24, Brasília, 2016. Disponível em: https://doi.org/10.1590/S0102-69922016000100002. Acesso em: 29 jun. 2023.

BIAVASCHI, M. (2017) "Os direitos das trabalhadoras domésticas e as dificuldades de implementação no Brasil: contradições e tensões sociais" em "Mundo do Trabalho das Mulheres, ampliar direitos e promover a igualdade". Organizadores: Eugênia Troncoso Leone, José Dari Krein e Marilane Oliveira Teixeira. Instituto de Economia/CESIT, Unicamp, Campinas, 2017. Disponível em: https://www.cesit.net.br/wp-content/uploads/2017/12/Mundo-trabalho-mulheres-web.livro_-1.pdf. Acesso em: 27 jun. 2023.

BRASIL. *Constituição da República Federativa do Brasil, de 5 de outubro de 1988*. Brasília: Disponível em: https://www.planalto.gov.br/ccivil_03/constituicao/constituicao.htm. Acesso em: 14 jul. 2023.

______. *Decreto n. 2.827, de 15 de março de 1879*. Disponível em https://www2.camara.leg.br/legin/fed/decret/1824-1899/decreto-2827-15-marco-1879-547285-publicacaooriginal-62001-pl.html. Acesso em: 4 jul. 2023.

______. *Decreto-lei n. 5.452, de 1º de maio de 1943*. Brasília. Disponível em: https://www.planalto.gov.br/ccivil_03/decreto-lei/del5452.htm. Acesso em: 14 jul. 2023.

BRASIL. *Lei n. 601, de 18 de setembro de 1850*. Presidência da República, Casa Civil, Brasília. Disponível em: https://www.planalto.gov.br/ccivil_03/leis/l0601-1850.htm. Acesso em: 4 jul. 2023.

CARNEIRO, S. A. "Mulheres em movimento". *Estudos Avançados*, 17(49), p. 117-133, 2003. Disponível em: https://doi.org/10.1590/S0103-40142003000300008. Acesso em: 29 maio 2023.

______. *Do Epistemicídio:* A construção do outro como não ser como fundamento do ser. Tese (Doutorado). São Paulo: Universidade de São Paulo, 2005.

COLLINS, P. H., BILGE, S. *Interseccionalidade*. Tradução de Rane Souza. São Paulo: Ed. Boitempo, 2020.

CRENSHAW, K. "Demarginalizing the Intersection of Race and Sex: A Black Feminist Critique of Antidiscrimination Doctrine, Feminist Theory and Antiracist Politics". *University of Chicago Legal Forum*, n. 1, p. 139-167, 1989. Disponível em: https://chicagounbound.uchicago.edu/cgi/viewcontent.cgi?article=1052&context=uclf. Acesso em: 27 jun. 2023.

ONU — Organização da Nações Unidas. *Declaração Universal dos Direitos Humanos*. (1948). Nova Iorque: Assembleia Geral das Nações Unidas. Disponível em: https://www.unicef.org/brazil/declaracao-universal-dos-direitos-humanos. Acesso em:03 jul. 2023.

DELGADO, M. G. *Curso de Direito do Trabalho:* obra revista e atualizada. São Paulo: LTr, 2017.

DIEESE. *Trabalho doméstico*. São Paulo, 2023. Disponível em: https://www.dieese.org.br/infografico/2023/trabalhoDomestico2023.pdf. Acesso em: 27 jun. 2023.

FEDERICI, S. *Calibã e a Bruxa, Mulheres, Corpo e Acumulação Primitiva*. São Paulo: Ed. Elefante, 2017.

FEIJÓ, J. *A Participação das Mulheres Negras no Mercado de Trabalho*. São Paulo: FGVIBRE, 2022. Disponível em: https://blogdoibre.fgv.br/posts/participacao-das-mulheres-negras-no-mercado-de-trabalho. Acesso em: 27 jun. 2023.

FERNANDES. A. M. *Direito do Trabalho*. 17. ed. Coimbra: Almedina, 2014.

GONÇALVES, G. L. "Acumulação primitiva, expropriação e violência jurídica: expandindo as fronteiras da sociologia crítica do direito". *Revista Direito e Práxis*, 8(2), p. 1.028–1.082, 2017. Disponível em: https://doi.org/10.12957/dep.2017.28770. Acesso em: 3 jul. 2023.

GONZALEZ, L. *Por um feminismo afro-latino-americano, ensaios, intervenções e diálogos*. Organização Flávia Rios e Márcia Lima. São Paulo: Ed. Zahar, 2020.

GROSFOGUEL, R. (2008) "Para descolonizar os estudos de economia política e os estudos pós-coloniais: Transmodernidade, pensamento de fronteira e colonialidade global". Tradução: Inês Martins Ferreira. *Revista Crítica de Ciências Sociais*, 80, p. 115-147, Coimbra, 2008.

GUSTIN, M. B. S.; DIAS, M. T. F. *(Re)Pensando a Pesquisa Jurídica:* teoria e prática. 3. ed., rev. e atual. Belo Horizonte: Del Rey, 2010.

HIRATA, H.; KERGOAT, D. "Novas Configurações da divisão sexual do trabalho". *Cadernos de Pesquisa*, v. 37, n. 132, set./dez. 2007. Disponível em: https://www.scielo.br/j/cp/a/cCztcWVvvtWGDvFqRmdsBWQ/?format=pdf. Acesso em: 27 jun. 2023.

HOOKS, B. *Teoria feminista:* da margem ao centro. Tradução Rainer Patriota. 1. ed. São Paulo: Perspectiva, 2019. *E-book*.

ILO — International Labour Organization. *Domestic workers across the world:* global and regional statistics and the extent of legal protection. Genebra, 2013. Disponível em: https://www.ilo.org/wcmsp5/groups/public/@dgreports/@dcomm/@publ/documents/publication/wcms_173363.pdf. Acesso em 27 jun. 2023.

______. *Tornar o trabalho digno uma realidade para o trabalho doméstico*. Genebra, 2021. Disponível em: https://www.ilo.org/wcmsp5/groups/public/---europe/---ro-geneva/---ilo-lisbon/documents/publication/wcms_832867.pdf. Acesso em: 27 jun. 2023.

IBGE — Instituto Brasileiro de Geografia e Estatística. *Pesquisa Nacional por Amostra de Domicílios Contínua (PNADC)*. Rio de Janeiro, 2019. Disponível em: https://www.ibge.gov.br/estatisticas/sociais/trabalho/9171-pesquisa-nacional-por-amostra-de-domicilios-continua-mensal.html. Acesso em: 27 jun. 2023.

______. *Síntese de Indicadores Sociais*. Rio de Janeiro, 2021. Disponível em: https://www.ibge.gov.br/estatisticas/sociais/educacao/9221-sintese-de-indicadores-sociais.html?edicao=32373&t=resultados. Acesso em: 27 jun. 2023.

JACINO, R. *Desigualdade Racial no Brasil*. São Paulo: Ed. Imó, 2019.

LEONE, E. T.; BALTAR, P.. A mulher na recuperação recente do mercado de trabalho brasileiro. *Revista Brasileira de Estudos de População*, v. 25, n. 2, p. 233-249, jul. 2008.

LORDE, A. *Irmã outsider*. Tradução de Stephanie Borges. 1. ed. Belo Horizonte: Autêntica, 2019.

LUGONES, M. "Colonialidad y Género". *Revista Tábula Rasa*, n. 9, p. 73-101, Bogotá, Colômbia, 2008.

MACHADO, S. "Trabalho escravo e trabalho livre no Brasil — alguns paradoxos históricos do Direito do Trabalho". *Revista da Faculdade de Direito da Universidade Federal do Paraná*, 2003.

MBEMBE, A. (2017) *Crítica da Razão Negra*. Tradução de Marta Lança. Lisboa: Ed. Antígona, 2017.

MIGNOLO, W. "Desafios decoloniais hoje". *Revista Epistemologias do Sul*, 1 (1) p. 12-32, Foz do Iguaçu/PR, 2017.

MOREIRA, A. J. *Pensando como um Negro, Ensaio de Hermenêutica Jurídica*. São Paulo: Editora Contracorrente, 2024.

MURADAS, D.; PEREIRA, F.. S. M. "Decolonialidade do saber e direito do trabalho brasileiro: sujeições interseccionais contemporâneas", *Revista Direito & Praxis*, vol. 9, n. 4, p. 2.117-2.142, Rio de Janeiro, 2018.

NASCIMENTO, B. "A mulher negra e o mercado de trabalho". *Portal Geledés*, São Paulo, 2010. Publicado originalmente no jornal *Última Hora*, Rio de Janeiro, 25 de julho de 1976. Disponível em: https://edisciplinas.usp.br/pluginfile.php/6579443/mod_resource/content/1/11.%20A%20mulher%20negra%20no%20mercado%20de%20trabalho.pdf. Acesso em: 23 maio 2023.

OIT — Orrganização Internacional do Trabalho. *Convenção n. 189*. Genebra, 2011. Disponível em: https://www.ilo.org/wcmsp5/groups/public/---ed_protect/---protrav/---travail/documents/publication/wcms_179461.pdf. Acesso em: 14 jul. 2023.

______. *Relatório Mundial do Trabalho, 2014*. Disponível em https://www.ilo.org/global/research/global-reports/world-of-work/2014/lang--en/index.htm. Acesso em: 21 mar. 2023.

PALHARES, J. V.; NICOLI, P. A. G. "A colonialidade da organização e regulação do trabalho". *Revista Direito & Praxis*, vol. 12, n. 3, p. 1.924-1.957, Rio de Janeiro, 2020.

PASSOS, R.; SANTOS, L. R.; ESPINOZA, F. "Direitos Humanos, decolinialidade e feminismo decolonial: ferramentas teóricas para a compreensão de raça e gênero nos locais de subalternidade". *Revista Brasileira de Políticas Públicas*, vol. 10, n. 2, p. 143-172, Brasília, 2020.

PEREIRA, F. S. M.; BERSANI, H. "Crítica à interseccionalidade como método de desobediência epistêmica no Direito do Trabalho brasileiro". *Revista Direito & Práxis*, Rio de Janeiro, vol. 11, n. 4, 2020, p. 2.743-2.772.

PEREIRA, F. S. M.; NICOLI, P. A. G. "Os Segredos Episgtêmicos do Direito do Trabalho". *Revista Brasileira de Políticas Públicas*, vol. 10, n. 2 p. 520-545, Brasília, 2020. Disponível em: http://www.repositorio.ufop.br/jspui/handle/123456789/15543. Acessso em: 9 maio 2023.

PINHEIRO, L.; LIRA, F.; REZENDE, M.; FONTOURA, N. "Os Desafios do Passado no Trabalho Doméstico do Século XXI: Reflexões 'para o caso brasileiro a partir dos dados da PNAD Contínua'". Instituto de Pesquisa Econômica Aplicada-IPEA, Brasília, 2019. Disponível em: https://repositorio.ipea.gov.br/bitstream/11058/9538/1/td_2528.pdf. Acesso em: 26 jun. 2023.

PRONI, M. W.; GOMES, D. C. "Precariedade ocupacional: uma questão de gênero e raça". *Estudos Avançados*, vol. 29, n. 85, 2015. Disponível em: https://doi.org/10.1590/S0103-40142015008500010. Acesso em: 27 jun. 2023.

QUIJANO, A. *Colonialidade do poder, Eurocentrismo e América Latina*. CLACSO, Consejo Latinoamericano de Ciencias Sociales, Buenos Aires, capítulo do livro Colonialismo; Modernidad; Capitalismo; Poder Politico; Sociedad; Historia; Eurocentrismo; America Latina, 2005.

SANTOS, B. S. *O fim do Império Cognitivo* — A afirmação das Epistemologias do Sul. 2. ed. Coimbra: Almedina, 2020.

______. *Para uma Revolução Democrática da Justiça*. Kindle, 2020.

SANTOS, L. G.; CARVALHO, R. L. D.; SOUSA, M. J. R.; FIGUEIREDO, L. S.; MARTINS, J. G. B. A. "As relações de trabalho no capitalismo contemporâneo: a inserção da mulher negra no mercado". *Uninter*, vol. 7 n. 3, Curitiba, 2020. Disponível em: https://cadernosuninter.com/index.php/humanidades/article/view/1016. Acesso em: 23 maio 2023.

SIQUEIRA, C. B.; BUSSINGUER, E. C. A. "As ondas do feminismo e seu impacto no mercado de trabalho da mulher". *Revista Thesis Juris,* vol. 9 n. 1 p. 145-166, São Paulo, 2020. Disponível em: http://repositorio.fdv.br:8080/bitstream/fdv/894/1/14977-73812-1-PB.pdf. Acesso em: 1º jun. 2024.

SOJOURNER, T. E não sou uma mulher? Tradução de Osmundo Pinho. *Geledés*, 8 jan. 2014. Disponível em: https://www.geledes.org.br/enao-sou-uma-mulher-sojourner-truth/. Acesso em 26 abr. 2023.

SPIVAK, G. C., Pode o subalterno falar?. Tradução: Sandra Regina G. Almeida, Marcos P. Feitosa e André P. Feitosa. Belo Horizonte: Ed. UFMG, 2010.

SUPIOT, A. *Crítica do Direito do Trabalho*. Lisboa: Ed. Fundação Calouste Gulbenkian, 2016.

SÜSSEKIND, A.; MARANHÃO, D.; VIANNA, S.; TEIXEIRA FILHO, J. L. *Instituições de Direito do Trabalho*. vol I, 20. ed. São Paulo: LTr, 2002.

TEIXEIRA, Rafael S. "A subordinação jurídica e a Colonialidade do Poder no Direito do Trabalho". *Anais do III Seminário Internacional em Direitos Humanos e Sociedade*, vol. 3, UNESC, Santa Catarina, 2022. Disponível em: blob:https://periodicos.unesc.net/36de4ede-d20e-40cf-8d57-01b5724eb351. Acesso em: 12 maio 2023;

TOKARSKI, C.; PINHEIRO, L. "Trabalho doméstico remunerado e Covid-19: aprofundamento das vulnerabilidades em uma ocupação vulnerabilizada". *Boletim de Análise Político-Institucional*, n. 26, Instituto de Pesquisa Econômica Aplicada-IPEA, Brasília, 2021. Disponível em: https://repositorio.ipea.gov.br/handle/11058/10521. Acesso em: 26 jun. 2023.

VERGÈS, F. *Um Feminismo Decolonial*. Tradução de Jamille Pinheiro Dias e Raquel Camargo. Editora Ubu, 2020. *E-book*.

VIEIRA, B. "Quando sexo, raça e classe se encontram: mulheres negras no mercado de trabalho e políticas públicas". In: *Mundo do Trabalho das Mulheres, ampliar direitos e promover a igualdade*. Organizadores: Eugênia Troncoso Leone, José Dari Krein e Marilane Oliveira Teixeira. Instituto de Economia/CESIT, Unicamp, Campinas, 2017. Disponível em: https://www.cesit.net.br/wp-content/uploads/2017/12/Mundo-trabalho-mulheres-web.livro_-1.pdf. Acesso em: 27 jun. 2023.

WALSH, C.; OLIVEIRA, L. F. de; CANDAU, V. M. "Coloniality and decolonial pedagogy: To think of other education". *Education Policy Analysis Archives*, 26, 83, 2018. Disponível em: https://doi.org/10.14507/epaa.26.3874. Acesso em: 03 jul. 2023.

WALLERSTEIN, Immanuel. “World-Systems Analysis”. In: World System History. Ed. George Modelski. In: *Encyclopedia of Life Support Systems* (EOLSS). Developed under the Auspices of the UNESCO, Eolss Publishers, Oxford, UK, 2004. Disponível em: http://www.eolss.net. Acesso em: 27 jun. 2023.

WEGSMAN, M.; C., LERUSSI, R. *Feminismos jurídicos:* interpelaciones y debates. 1. ed. Siglo del Hombre Editores, Universidad de los Andes, Bogotá, 2020.